供电企业常见法律纠纷案例分析与解读

程乐园　主编

中国电力出版社

CHINA ELECTRIC POWER PRESS

图书在版编目（CIP）数据

供电企业常见法律纠纷案例分析与解读/程乐园主编 . —北京：中国电力出版社，2024.12
ISBN 978-7-5198-8780-3

Ⅰ.①供…　Ⅱ.①程…　Ⅲ.①供电-工业企业-经济纠纷-案例-中国　Ⅳ.①D922.297.5

中国国家版本馆 CIP 数据核字（2024）第 070368 号

出版发行：中国电力出版社
地　　址：北京市东城区北京站西街 19 号（邮政编码 100005）
网　　址：http://www.cepp.sgcc.com.cn
责任编辑：丁　钊（010-63412393）
责任校对：黄　蓓　马　宁
装帧设计：王红柳
责任印制：杨晓东

印　　刷：廊坊市文峰档案印务有限公司
版　　次：2024 年 12 月第一版
印　　次：2024 年 12 月北京第一次印刷
开　　本：710 毫米×1000 毫米　16 开本
印　　张：11
字　　数：217 千字
定　　价：58.00 元

本 书 编 委 会

主　　编　程乐园

副 主 编　曹志超　王　姝　赵　琳

编写人员　王梦蝶　张　鹏　黄　津　吕　游

　　　　　　王雁杰　刘孜耕　杨小川　康　敏

　　　　　　刘欣阳　王依哲　贾　蓓

前　言

　　党的十八大以来，习近平总书记从坚持和发展中国特色社会主义的全局和战略高度定位法治、布局法治、厉行法治，形成了习近平法治思想，开辟了全面依法治国的新境界。随着法治中国建设的不断深入，全社会依法维权意识普遍增强，供电企业作为事关国家安全和国民经济命脉的责任央企，面临的传统风险不减反增，新兴风险日益突出，需要我们坚持依法合规经营，不断提升依法防范化解重大风险的能力和水平。

　　法律纠纷案件是经营管理中的问题在法律上的集中爆发和反映，深挖案件背后的管理短板、体制机制问题，是发现薄弱环节、提升专业管理的重要途径。为落实全面依法治国战略部署，加快建设法治国网、法治豫电，为公司安全健康可持续发展保驾护航，我们收集了近年来供电企业发生的典型案件，编写了本书，经过多轮修审打磨，最终定稿付梓。希望通过本书的出版，能够充分发挥典型案例警示指导作用，健全"以案促管"长效机制，形成闭环与合力，推动管理提升，护航公司高质量发展。

　　本书主要围绕供电企业常见案件类型，针对具体案例分析法律关系，阐明法院观点，提出启示建议，供读者参考、借鉴。由于编写人员水平有限，书中疏漏错误在所难免，恳请各位专家、读者批评指正。

目　　录

前言

第一章　高压触电 ·· 1

  1. 高压触电无过错　减免责任举证难 ···················· 1

  2. 鱼竿未收引惨剧　担责不看有无过 ···················· 4

  3. 线路产权不明晰　供电公司担责任 ···················· 7

  4. 高压线下虽警示　供电公司难免责 ···················· 10

  5. 线路架设不合格　引发触电要担责 ···················· 13

  6. 警示标志未设立　供电企业要担责 ···················· 16

  7. 救助行为不当致伤害　受益人与企业共担责 ············ 19

  8. 提供劳务受伤害　多方侵权共担责 ···················· 21

第二章　低压触电 ·· 23

  9. 擅自接电绕漏保　供电企业不担责 ···················· 23

  10. 低压触电看产权　维护不到责自担 ··················· 28

  11. 低压触电存过错　供电公司仍担责 ··················· 31

  12. 低压用户资产出问题　供电公司担责为哪般 ··········· 34

  13. 无证作业致身亡　管理缺失要担责 ··················· 37

  14. 私拉乱接致触电　用户过错责自担 ··················· 42

  15. 安全供电责任大　线路时刻要检查 ··················· 45

  16. 安全供电责任广　用户漏保不能少 ··················· 48

  17. 私拉乱接产权明　供电企业责自清 ··················· 50

  18. 漏保缺失产权清　供电公司责自明 ··················· 53

  19. 缺失漏电保护器　供电公司难免责 ··················· 56

  20. 巧定策略积极质证　非产权触电终免责 ··············· 59

第三章　财产损害 ·· 65

21. 电气火灾看原因　举证不足责自担 ······················· 65

22. 电力设施受损害　主诉索赔追补偿 ······················· 68

23. 合同保驾护航　公司不担责任 ··························· 71

24. 保护区种树属违法　依法修剪不担责 ····················· 73

25. 电气火灾影响广　诉中调解少担责 ······················· 77

26. 修剪树木保安全　供电公司不担责 ······················· 80

27. 电气火灾难确权　运维不力需担责 ······················· 82

28. 产权分界要清晰　电气火灾免担责 ······················· 86

29. 不当施工损房屋　主诉维权挽损失 ······················· 89

30. 线路产权厘清楚　供电公司免担责 ······················· 93

31. 及时履行抢修义务　供电公司不担责任 ··················· 96

第四章　供用电 ·· 98

32. 主动出击强维权　追回电费近百万 ······················· 98

33. 配合政府停限电　停电主体要厘清 ······················· 101

34. 光伏补贴不规范　群体效应危害大 ······················· 103

35. 合同条款不完善　窃电责任难追究 ······················· 105

36. 申请直供电有限制　供电公司拒签合同依据足 ············· 108

37. 供电公司查明断电责任人　避免承担断电赔偿责任 ········· 111

38. 财产诉前保全　判后有效维权 ··························· 114

39. 表计窃电被查处　违约责任不免除 ······················· 116

第五章　人身伤害 ·· 119

40. 修路线杆要迁改　疏于管理要担责 ······················· 119

41. 用电维修不谨慎　责任承担难划分 ······················· 123

42. 车辆使用不规范　交通事故难划责 ······················· 126

43. 标识管理需加强　意外摔倒担责任 ·· 129

第六章　电网建设 ·· 132

44. 关键证据扭局面　据理力争终胜诉 ·· 132

45. 建设赔青不到位　后期清障引纠纷 ·· 136

46. 电网建设存瑕疵　诉中协商终化解 ·· 141

47. 线路迁改合规矩　积极举证不担责 ·· 144

48. 压矿调查有疏忽　赔偿责任未避免 ·· 146

49. 前期手续要规范　物权侵权无期限 ·· 153

第七章　其他 ·· 160

50. 精准制定应诉策略　避免巨额经济损失 ·· 160

51. 雇人拍摄需谨慎　宣传作品易侵权 ·· 163

第一章

高 压 触 电

1. 高压触电无过错 减免责任举证难
—— 李×等诉供电公司触电人身损害责任纠纷案

一、 案情简介

2018年12月15日22时左右，A县B村停电。12月16日，该村电工在检查线路时发现死者李×。12月19日，公安局物证鉴定所尸检结果显示死者为电击死亡。李×家属向法院提起诉讼，要求赔偿各项损失共计2072279.1元。

经查，涉案线路为10kV高压线路，产权归属于供电公司。案发时线路存在垂落现象，另外线路附近存在非法采砂情况。供电公司认为线路垂落是由于沙场装卸车碰撞所致，并向公安机关报案，但公安机关未认定沙场装卸车撞断线路的事实。

二、 审理过程

（一） 一审情况

经审理，法院认可市公安局物证鉴定所出具的尸体检验结果，认定死者是经过垂落的高压线时触电身亡，并认定原告各项损失共计约85.34万元。

一审法院认为，本案属于高压触电案件，应适用无过错责任原则，供电公司系涉案高压线路的产权人，应对原告死亡承担侵权责任。因供电公司未提交相关证据证明死者对电击事故存在过错，对其抗辩意见不予认可。判决供电公司承担全部的赔偿责任。

（二） 二审情况

供电公司不服提起上诉，上诉理由主要为死者死亡不是由供电公司而是由他人造成的，一审法院认定上诉人承担死者死亡责任没有事实依据，上诉人不应当承担赔偿责任。

二审法院经审理认为，本案属于高压触电，应适用无过错责任原则，结合本案案情及现有证据，无法证明死者在事故中存在过错。供电公司若认为存在案外人对其管理的线路实施侵权行为，可以另行主张。判决驳回上诉，维持原判。

三、 法律分析

（一） 高压触电适用无过错责任原则

无过错责任原则也叫无过失责任原则，理论界也有将其称之为"客观责任""危险责任"或"严格责任"，是指基于损害的客观存在，不论行为人是否存在过错，根据行为人的活动及所管理的人或物的危险性质与所造成损害后果的因果关系，由法律规定的特别加重责任。已废止的《中华人民共和国侵权责任法》（以下简称《侵权责任法》）和新实施的《中华人民共和国民法典》（以下简称《民法典》）

均规定高压触电事故适用无过错责任原则。本案中，死者系经过垂落的 10kV 高压线导致触电死亡，属于高压触电事故。供电公司作为案涉 10kV 高压线路的经营者和管理者，应适用无过错责任原则承担侵权责任。

（二） 无过错责任的减责、 免责情形

原《侵权责任法》规定，从事高空、高压、地下挖掘活动或者使用高速轨道运输工具造成他人损害的，如果经营者能够证明损害是因受害人故意、不可抗力造成或者对损害的发生有过失的，可以不承担责任或者减轻经营者责任。《民法典》规定的免责情形与原《侵权责任法》一致，但在减责情形规定上，《民法典》将减轻经营者责任的条件由"过失"修改为"重大过失"，条件更为严苛。审判实践中，对无过错责任的免责情形举证十分困难。本案中，因供电公司未提供有效证据证明他人存在过错，法院未认定原告在事故发生过程中存在过错，且事故现场存在线路垂落现象，供电公司未及时发现并采取有效措施进行整改，法官内心确认事故发生的原因就在于供电公司线路存在安全隐患且未及时整改，不存在减责、免责的情形。

（三） 受害人存在过错的证明责任

《中华人民共和国民事诉讼法》（以下简称《民事诉讼法》）第六十七条第一款规定：当事人对自己提出的主张，有责任提供证据。本案中，案发前涉案线路下方非法采砂等危及线路安全的行为一直存在，而供电公司既未对其采取有效措施予以制止，也未做好证据留存。虽然供电公司辩称死者及他人对电击事故的发生存在过错，但并未提交实质有效的证据予以证明，按照"谁主张、谁举证"的原则，法院未采纳供电公司的答辩意见。

四、 启示建议

本案中，法院判决供电公司承担全部的赔偿责任，究其原因在于案发前涉案线路下方非法采砂等危及线路安全的行为一直存在，供电公司未对其采取有效措施予以制止，且未做好证据留存。因此，建议供电企业一是加强线路巡视，做好巡检日志记录，注意保留原始记录，同时通过拍照、录像等方式固定相应证据。二是发现有危及线路的违规施工作业、建房、植树等行为要及时制止，积极履行安全警示义务，下发隐患告知书。如果行为人不予整改，情节严重的要及时向电力管理部门安全管理部门等政府有关部门反映报告，加强电力设施政企联动保护力度，并将相关函件归档留存。

五、 相关法条

1.《民法典》

第一千二百四十条 从事高空、高压、地下挖掘活动或者使用高速轨道运输工具造成他人损害的，经营者应当承担侵权责任；但是，能够证明损害是因受害人故意或者不可抗力造成的，不承担责任。被侵权人对损害的发生有重大过失的，可以

减轻经营者的责任。

2.《民事诉讼法》

第六十七条　当事人对自己提出的主张，有责任提供证据。

当事人及其诉讼代理人因客观原因不能自行收集的证据，或者人民法院认为审理案件需要的证据，人民法院应当调查收集。

人民法院应当按照法定程序，全面地、客观地审查核实证据。

（作者：卢玲玲　能亚东）

2. 鱼竿未收引惨剧　担责不看有无过
—— 陶×A、陶×B 等诉供电公司等触电人身损害责任纠纷案

一、案情简介

2017 年 7 月 29 日下午，陶×A、陶×B 兄弟二人在湖边钓鱼，手持长度约 7.8m 的鱼竿经过 110kV 线路时，鱼竿触及高压线引发巨大电弧火光，导致陶×A、陶×B 二人烧伤。事故发生后，二人一直在医院治疗。经查，涉案 110kV 电力线路产权属供电公司，触电倒地的路边 2m 处设置有"高压线下、禁止钓鱼"的警示标志，线路对地距离符合国家标准。2017 年 8 月，兄弟二人家属将供电公司等诉至法院，要求赔偿各项损失共计 140 余万元。

二、审理过程

（一）一审过程

一审法院经审理认为：①本案无证据证明原告被电烧伤是由其故意或不可抗力所致，供电公司应当对其所有及管理的 110kV 电力设施上产生的事故承担无过错责任；②原告陶×A 手持钓鱼竿从高压线下经过，对事故的发生存在一定的过错；陶×B 作为未成年人，其父母没有尽到监护义务，也存在过错，依法应当减轻供电公司的责任；③供电公司设置的警示标志简单、陈旧，不足以在感官上引起一般社会公众对该 110kV 高压线路危险性的注意。根据民法之精神，自然人的生命权为自然人个体存续最基本、最重要的条件，也是最重要的权利，综合本案情况，令供电公司承担稍重的赔偿责任，能够挽救本案原告的生命，符合民法公平正义的精神。判决供电公司承担事故 60％的责任，由保险公司在保险范围内支付相应赔偿金。

（二）二审情况

各方当事人均不服一审判决，以原审认定事实不清、适用法律错误、责任划分比例不当为由提起上诉。

二审法院经审理认为，一审认定事实清楚，责任划分并无不当，判决驳回上诉，维持原判。

三、法律分析

（一）高压侵权责任主体

《民法典》第一千二百四十条规定："从事高空、高压、地下挖掘活动或者使用高速轨道运输工具造成他人损害的，经营者应当承担侵权责任"。虽然司法实践中对于经营者的认定存在争议，但结合 2016 年最高人民法院民再 140 号民事判决书以及最高人民法院编著的《民法典侵权责任编理解与适用》的观点，我们认为由于电能的发、输、配、用四个环节必须以一个网络联系起来且同时进行，所以从事高

电压活动的经营者，既包括利用电力设施生产高电压用以出售的发电企业，也包括利用电力设施输送高电压以获取利润的供电公司，还包括利用电力设施使用高电压进行生产经营的用电单位，要按照发生侵害的具体环节来认定经营者。由于电能必须有一定的载体才能存在，各环节的"经营者"应当以该环节承载电能的电力设施"产权人"进行确定。本案中，涉案电力设施归供电公司所有，供电公司是电力设施的经营者，应承担相应的侵权责任。

（二）无过错责任的减责、免责情形

触电事故的发生原因复杂，往往是多因一果的情形，充分考量各方当事人的主观状态、客观结果，结合原因力大小分配责任，一方面可以体现对主观状态不同的侵权人的公平，另一方面可以引导高危作业人尽可能尽到安全维护义务。《民法典》第一千二百四十条进一步明确高度危险责任中可减轻经营者责任的认定标准，其规定"被侵权人对损害的发生有重大过失的，可以减轻经营者的责任"。从受害人"有过失"（原《侵权责任法》规定）到"有重大过失"（《民法典》规定）的标准认定变化，在一定程度上缩小了电网企业等经营者可减轻责任的范围，加重了经营者安全注意义务。本案中供电公司充分举证陶×A手持未收起的钓鱼竿从高压线下经过，其作为成年人没有尽到充分必要的安全注意义务，对事故的发生存在过错，这是法院最终减少供电公司责任比例的主要原因。

（三）安全警示标志设置

《民法典》第一千二百四十三条规定"未经许可进入高度危险活动区域发生损害的，管理人能够证明已经采取足够安全措施并尽到充分警示义务的，可以减轻或不承担责任"。由此可以看出，在电力设施保护区或者电力设施设置相对封闭区域（如配电箱的围栏区域内），如果管理单位采取安全措施并尽到警示义务，可以减轻责任甚至免除责任。本案中，供电公司所属的涉案高压线路对地距离符合国家标准，可以认为采取足够的安全措施，但关键在于警示标志的设置。《电力设施保护条例》等相关法规中虽然对警示标志的设置进行了原则性的规定，但就警示标志的样式、大小、具体位置等技术标准层面的规定尚没有国家层面的规定。法院认为供电公司设置的警示标志不足以引起大众的危险注意，主要原因也在于没有客观标准进行对比判断，这也是本案无法进一步降低供电公司责任比例的原因。

四、启示建议

（一）提升重点地段电力设施的绝缘化水平

对跨越鱼塘（防钓鱼）、公众活动广场（防放风筝）、道路（防超高车辆）等重点地段，采取绝缘化喷涂、加装绝缘套管等技防措施，提升电力设施的绝缘化水平，最大限度避免触电事故发生。

（二）确保尽到管理和警示义务

加强线路巡视，及时发现隐患；在架空电力线路跨越或邻近的水域附近，悬挂

醒目的警示标志；对经营性鱼塘的经营者，或对非经营性水域的土地使用权人或管理义务人，及时送达安全隐患告知书，现场摄录送达情况，并妥善保存送达证据；排查线路对地、对建筑物的安全距离是否符合国家标准。

五、 相关法条

《民法典》

第一千二百四十条 从事高空、高压、地下挖掘活动或者使用高速轨道运输工具造成他人损害的，经营者应当承担侵权责任；但是，能够证明损害是因受害人故意或者不可抗力造成的，不承担责任。被侵权人对损害的发生有重大过失的，可以减轻经营者的责任。

第一千二百四十三条 未经许可进入高度危险活动区域或者高度危险物存放区域受到损害，管理人能够证明已经采取足够安全措施并尽到充分警示义务的，可以减轻或不承担责任。

（作者：石 磊 张轶然）

3. 线路产权不明晰　供电公司担责任

—— 张×A诉供电公司、张×B等触电人身损害责任纠纷案

一、案情简介

A公司曾将其钢构厂房的建设工程发包给没有任何施工资质和相关安全生产条件的被告张×B，原告张×A等人受张×B雇佣，并在张×B的组织、安排、指挥下进行施工作业。2013年2月23日下午，原告正在房顶打墙瓦时，被身后约1m远的10kV高压线路击中，并从高处摔下。原告遭电击时，未佩戴专业安全帽、安全带、绝缘手套及衣物或采取其他安全防护措施。原告受伤后，先后5次进行住院治疗。张×A向一审法院起诉请求三被告连带赔偿各项损失共计308102.66元。

二、审理过程

（一）一审情况

一审法院经审理认为，供电公司作为高压电流的供应者和高压线路的架设者，理应拥有主干线的产权。虽然案涉《高压供用电合同》约定线路产权分界点为令克（跌落式熔断器），令克以下为A公司产权线路。但供电公司却在约定的产权分界点以下接入两家用户，是擅自处分案外第三方其他用户的权利，根据合同相对性原则，应认定为分界点无效。且案涉线路在A公司建厂前即已存在，A公司不应享有产权。变压器作为改变交流电压的专业装置，作为管理或代管理的分界点更符合日常生活逻辑。被告A公司作为钢构厂房建设工程的发包人，在明知张×B没有相应施工资质和不具备安全生产条件的情形下将工程进行发包，并由此引发安全生产事故，应与承包人张×B承担连带赔偿责任。三被告应就原告因伤所致的各项损失承担连带清偿责任。原告作为具有一定生活、工作经验和社会阅历的成年人，在未采取安全防护措施情形下进行高空施工，没有尽到对周围工作状况（高压线路）进行必要观察、谨慎行为的注意义务，最终导致本案损害结果的发生，故原告亦具有一定过错。结合其过错程度及本案实际，酌定其承担10%的责任，剩余90%的赔偿责任由三被告连带清偿。判决三被告共同承担的赔偿数额为148470.98元。

（二）二审情况

张×A和供电公司对一审判决结果不服，均提起上诉。供电公司认为，其不是案涉线路产权人，A公司在第一次开庭时已自认为产权人，其应对事故承担法律责任，一审判决却未予认定，且否认合同中关于产权分界点的约定，一审判决认定事实不清。

二审法院经审理认为，一审判决认定事实清楚，适用法律正确，判决驳回上诉，维持原判。

三、 法律分析

（一） 产权认定

根据《供电营业规则》第五十条："供电设施的运行维护管理范围，按照产权归属确定…"。本案中虽然供电公司与 A 公司签订有高压供用电合同，但线路已经过多次改造，线路名称和电杆标号皆已改变，供电公司未能及时变更合同约定，导致合同约定与现场实际情况不符，法院不认可线路产权分界点，进而认为变压器是改变交流电压的专业装置，作为管理或代管理的分界点更符合日常生活逻辑。

（二） 经营者认定

依据《民法典》第一千二百四十条之规定，从事高压活动造成他人损害的，经营者应当承担侵权责任。但本案因产权分界不清晰，供电公司举证己方不是案涉线路经营者未能得到法院支持。学理上有观点认为，造成电击伤害的危险源，是输电线路上的高压电流，而非输电线路本身，如线路上没有高压电流经过，即与日常生活中所使用的金属线无异，更不存在高度危险之特征。本案主审法官采纳了此观点，认为无论线路产权归属如何，供电公司均是高压电能的经营者和受益者，应承担赔偿责任。

四、 启示建议

（一） 确保供用电合同内容与现状保持一致

线路进行改造或者重新确定线路名称、电线杆编号后，应及时与用户变更供用电合同，重新约定产权分界线路名称、电线杆号、产权分界图纸等，确保合同约定与实际相符，避免产权不清晰。

（二） 做好线路巡视与隐患排查

《民法典》第一千二百四十三条将管理人减轻责任的情形进一步提高到"能够证明已经采取足够安全措施并尽到充分警示义务"，因此供电公司应加强防范，在高压电线杆、铁塔等电力设施上设置醒目警示标志，在重要路口的电力设施上固定警示标志，以提示高压危险、防患于未然。若工作人员发现电力设施保护区内有施工、钓鱼等危及电力设施安全的行为，应及时制止（包括口头和书面制止），并拍摄违法作业以及制止的相关视频和照片，有必要时拨打 110 报警。同时，向电力管理部门进行书面汇报，要求行政机关按照《电力设施保护条例》的规定进行制止和处罚。对于重大危险以及不听劝阻和制止的，可考虑申请公证处进行证据保全公证。

五、 相关法条

1. 《民法典》

第一千一百七十三条 被侵权人对同一损害的发生或者扩大有过错的，可以减轻侵权人的责任。

第一千二百四十条 从事高空、高压、地下挖掘活动或者使用高速轨道运输工具造成他人损害的，经营者应当承担侵权责任；但是，能够证明损害是因受害人故意或者不可抗力造成的，不承担责任。被侵权人对损害的发生有重大过失的，可以减轻经营者的责任。

第一千二百四十三条 未经许可进入高度危险活动区域或者高度危险物存放区域受到损害，管理人能够证明已经采取足够安全措施并尽到充分警示义务的，可以减轻或者不承担责任。

2. 《供电营业规则》

第五十条 供电设施的运行维护管理范围，按照产权归属确定。产权归属不明确的，责任分界点按照下列各项确定：

（一）公用低压线路供电的，以电能表前的供电接户线用户端最后支持物为分界点，支持物属供电企业；

（二）10（6、20）千伏以下公用高压线路供电的，以用户厂界外或配电室前的第一断路器或第一支持物为分界点，第一断路器或第一支持物属供电企业；

（三）35千伏以上公用高压线路供电的，以用户厂界外或用户变电站外第一基电杆为分界点，第一基电杆属供电企业；

（四）采用电缆供电的，本着便于维护管理的原则，分界点由供电企业与用户协商确定；

（五）产权属于用户且由用户运行维护的线路，以公用线路分支杆或专用线路接引的公用变电站外第一基电杆为分界点，专用线路第一基电杆属用户。在电气上的具体分界点，由供用双方协商确定。

（作者：王依哲　孙燕姿）

4. 高压线下虽警示　供电公司难免责

—— 程×等诉供电公司等触电人身损害纠纷案

一、案情简介

张×于 2010 年 3 月 1 日和村委会签订协议书，承包该村位于市看守所西侧鱼塘从事经营。2018 年 8 月 28 日上午 10 时许，王×（死者）在该鱼塘钓鱼时触碰鱼塘上空 35kV 高压线，经抢救无效后死亡。程×（死者之妻）将供电公司、张×、村委会诉至法院，要求三被告承担 489405 元损失。

经查，涉案高压线路为供电公司所有，临近该鱼塘西侧、北侧两处电线杆及西侧地面均装设有"禁止在高压线路下钓鱼"的警示标志。

二、审理过程

（一）一审情况

一审法院经审理认为，供电公司在涉事鱼塘附近共设置了三处"禁止钓鱼"的警示牌，在管理上并无不当；受害人王×作为成年人，应对高压线下钓鱼的危险性有认知能力，其行为违反了《电力设施保护条例》的禁止性规定。判决供电公司不承担责任，受害人自身承担 70% 责任，鱼塘经营者张×承担 30% 责任。

（二）二审情况

原告不服，提起上诉，认为供电公司警示牌设立不规范，没有起到警示作用；供电公司是否尽到警示义务不是其免除责任的要件，不影响其承担责任；原审法院认定供电公司不承担责任适用法律错误。

二审法院经审理认为，根据《民法典》第一千二百四十条之规定，本案现有证据无法证明受害人死亡系自身故意或不可抗力造成，供电公司作为鱼塘附近高压电的经营者，没有采取日常的防护措施；受害人在附近设有警示标志的情况下仍然在涉事鱼塘钓鱼，自身具有明显过错；张×作为承包经营者，没有采取安全防护措施。判决供电公司承担 35% 赔偿责任，张×承担 25% 赔偿责任，受害人自担 40% 责任。

三、法律分析

（一）无过错责任构成要件分析

依照《民法典》第一千二百四十条之规定，高压触电适用无过错责任原则，即侵权责任的成立只需要具备加害行为、损害事实、因果关系三个要件即可，不要求具有主观过错。本案中受害人系受到供电公司经营管理的 35kV 线路电击身亡，加害行为、损害事实、因果关系三个要件均已满足，因此即使供电公司向法院提出"供电公司无过错"的主张及证据，因是否具有主观过错并不影响侵权责任的成立，故不能免除责任，这也是本案中二审改判供电公司承担责任的原因。同时，在线路高度符合规程、设置警示标志外，还要对线下违规经营者给予安全隐患通知等安全告知义务，本案中法院认为"没有采取日常的防护措施"，也是二审判定供电公司承担责任的另一方面原因。

（二） 高压触电法定减责情形分析

本案中，根据过失相抵原则（《民法典》第一千一百七十三条、第一千二百四十条），法定责任减轻的情形除了因受害人故意、不可抗力之外，只有"被侵权人对损害的发生有重大过失"这一项。故严格意义上讲，对于此类高压触电案件，供电公司主张已尽责并不能减轻或免除责任，只有证明被侵权人对损害发生有"重大过失"，才可能减轻供电公司的责任。虽然两者的证明方式大致相同，即通过举证证明已悬挂警示标志、下达安全隐患通知书等方式证明被侵权人应当意识到钓鱼行为存在触电的危险，由于被侵权人疏忽大意或过于自信的过失才导致触电事故发生。但两者证明目的不同，需要达到的证明效果也不同。举例言之，如果证明供电公司尽责就可以减轻责任，只需依照相关法律规定在规定地点设置安全警示标志即可；但如果证明目的是后者，就需要证明被侵权人本身应当意识到或已经意识到存在高压触电的危险，最直接的体现方式就是警示牌应该能被侵权人看到，如果虽然设立了警示牌，但警示牌被障碍物阻挡或距离较远看不清的话，就缺少了证明被侵权人具有明显过失的证据。

此外，供电公司依据《民法典》第一千二百四十三条主张供电公司应免责，但在实践中，部分法院对高度危险活动区域认定要求较高，认为该区域必须为封闭的特定区域，而不是开放的，市中院也未采纳该意见。

四、 启示建议

1. 加强线下钓鱼触电隐患排查

一旦在巡线过程中发现存在线下设立鱼塘、线下违章施工等情形，要按照法定送达程序及时下达隐患风险提示书，注意保存隐患告知送达证明，并且必要时应当向当地电力管理部门、安全管理部门等政府部门报告，督促其整改到位。

2. 强化高压线下安全警示义务履行

对于供电公司产权的设备线路，应按要求设立明显的警示标志，并在日常巡检工作的过程中对警示牌字迹是否清晰、是否被障碍物遮挡等情况进行检查，并及时更新维护。

五、 相关法条

《民法典》

第一千一百七十三条 被侵权人对同一损害的发生或者扩大有过错的，可以减轻侵权人的责任。

第一千二百四十条 从事高空、高压、地下挖掘活动或者使用高速轨道运输工具造成他人损害的，经营者应当承担侵权责任；但是，能够证明损害是因受害人故意或者不可抗力造成的，不承担责任。被侵权人对损害的发生有重大过失的，可以减轻经营者的责任。

第一千二百四十三条 未经许可进入高度危险活动区域或者高度危险物存放区域受到损害，管理人能够证明已经采取足够安全措施并尽到充分警示义务的，可以减轻或者不承担责任。

（作者：吴宇华 王雁杰）

5. 线路架设不合格　引发触电要担责

—— 郭×A等诉供电公司、郭×B等生命权纠纷案

一、 案情简介

2020年2月12日11时50分，家住A村的郭×A（受害人）手举未收伸缩钓鱼竿从桥上经过，在过桥经南北走向的水泥路拐弯时，其钓鱼竿触及水泥路边上方架设的高压线（产权人为郭×B），致郭×A被电击身亡。其亲属向法院提起诉讼，请求法院依法判令供电公司郭×B赔偿损失共计1308824.6€元。

二、 审理过程

（一） 一审情况

一审法院经审理认为，公民享有生命健康权，行为人因为过错侵害他人生命健康权益的，应当承担侵权责任。被侵权人对损害的发生或者扩大有故意或者过失的，可以减轻赔偿义务人的赔偿责任。根据供电公司与郭×B签订的《高压供用电合同》，可知涉案线路产权及管理归用电人郭×B，供电公司不应承担责任。但本案事发地点为居民区，经现场勘查测量，案发地的高压架空线对地距离为6.1m，不符合国家标准规定6.5m的标准，供电公司作为线路架设者，存在过错，判决承担50%的赔偿责任；郭×B作为产权人没有及时发现该隐患，也存在过错，判决承担20%的赔偿责任。死者郭×A作为完全民事行为能力人，没有尽到安全风险注意义务，存在重大过失，自身应承担30%的责任。

（二） 二审情况

供电公司、郭×B均不服一审判决，提起上诉。二审法院认定事实与一审法院相同，最终判决驳回上诉，维持原判。

三、 法律分析

（一） 高压触电适用无过错责任原则

根据《民法典》第一千二百四十条规定，高压触电事故需由经营者承担侵权责任。本案中涉案线路供用电合同齐备，产权分界点清晰，合同中明确约定"双方各自承担其产权范围内供用电设施上发生事故等引起的法律责任"，郭×B作为涉案线路的产权人（即为经营者），应当对受害人触电导致死亡承担侵权责任，同时满足法定减责事由的，可减轻经营者的责任。故法院判决郭×B承担20%责任，死者郭×A承担30%责任。

（二） 供电公司主张自己非涉案线路架设者且线路架设对地距离符合标准，但因不能举证未被法院认可

法院认定涉案线路对地距离不符合国家标准，供电公司存在过错，应当承担相应的赔偿责任。供电公司虽主张涉案线路为A公司设计、架设且在架设之初对地距

离符合标准，但法院认为 A 公司为供电公司的关联单位，供电公司印章管理不规范，涉案线路设计书盖有供电公司的公章且提供的工程资料不全，未显示线路架设之初的对地距离，故法院未认可供电公司主张，判决供电公司承担 50％责任。

四、 启示建议

（一） 加强印章管理

印章刻制应在公安等有关机关备案，明确归口管理部门，严格用印审批程序，不得在空白的报表、审批表、登记表、奖状、合同、协议、证明及介绍信上等用印，对于不属于公司业务范围内的文件，不得以供电公司的名义签署、用印，同时建立用印台账，确保用印情况可查询、可追溯。

（二） 规范对用户电力设施的检验

严格按照《供电营业规则》第四十七条规定，在接到用户的受电装置竣工报告及检验申请后，及时组织检验。对检验不合格的，应以书面形式一次性通知用户改正，改正后予以再次检验，直至合格，并出具检验报告。

（三） 规范电网建设工程的档案移交

在触电人身损害赔偿案件中，供电公司需要证明电力设施合法合规，就必须提供相关证据，如规划许可证、建设许可证、施工图设计、竣工验收报告等。因此，必须做好电网整齐工程相关资料的整理、移交、归档，确保档案资料整齐完备。

五、 相关法条

1.《民法典》

第一千一百六十五条　行为人因过错侵害他人民事权益造成损害的，应当承担侵权责任。

依照法律规定推定行为人有过错，其不能证明自己没有过错的，应当承担侵权责任。

第一千一百七十三条　被侵权人对同一损害的发生或者扩大有过错的，可以减轻侵权人的责任。

第一千二百四十条　从事高空、高压、地下挖掘活动或者使用高速轨道运输工具造成他人损害的，经营者应当承担侵权责任；但是，能够证明损害是因受害人故意或者不可抗力造成的，不承担责任。被侵权人对损害的发生有重大过失的，可以减轻经营者的责任。

2.《民事诉讼法》

第六十七条　当事人对自己提出的主张，有责任提供证据。当事人及其诉讼代理人因客观原因不能自行收集的证据，或者人民法院认为审理案件需要的证据，人民法院应当调查收集。人民法院应当按照法定程序，全面地、客观地审查核实证据。

3.《供电营业规则》

第四十七条 用户受电工程施工、试验完工后，应当向供电企业提出竣工检验申请，并提供工程竣工报告。报告应当包括：

（一）施工、试验单位资质证明材料；

（二）工程竣工图及说明；

（三）电气试验及保护整定调试记录；

（四）安全用具的试验报告；

（五）隐蔽工程的施工及试验记录；

（六）运行管理的有关规定和制度；

（七）值班人员名单及资格；

（八）供电企业认为必要的其他资料或记录。

供电企业接到用户的受电装置竣工报告及检验申请后，应当及时组织审核竣工资料，对投运后可能影响公共电网安全运行的涉网设备进行检验。对检验不合格的，供电企业应当一次性向用户提出书面意见。用户应当按照书面意见予以整改，直至合格。单次检验时间不超过三个工作日。检验合格后，供电企业应当与用户协商确定装表接电时间，装表接电时间不超过三个工作日。

（作者：康　敏　李思雨）

6. 警示标志未设立 供电企业要担责

—— 孙×A诉供电公司触电人身损害纠纷案

一、案情简介

孙×B（原告之子）系职业技术学院（第二被告）学生。2018年5月16日，孙×B在其老师刘×（第三被告）带领下和另外两位同学一起到某镇某村钓鱼，因抛掷鱼竿触碰上方高压线身亡。经查，该高压线系供电公司35kV线路，事发地点高压线对地距离符合规定。后死者亲属诉至人民法院要求供电公司、职业技术学院、教师刘×共同赔偿各项损失共计101.9174万元。

二、审理过程

（一）一审情况

一审法院经审理认为，本案适用无过错责任归责原则，供电公司作为事发高压线路的所有者和管理者，应对死者孙×B的死亡承担赔偿责任。死者系完全民事行为能力人，钓鱼时未尽到安全注意义务，对该事故的发生，存在重大过失，考虑到供电公司在高压线下方未设置警示标牌，存在疏于管理的行为，结合本案实际情况，故酌定减轻供电公司40%的责任。职业技术学院及老师的行为，与死者的死亡无法律上的因果关系，判决供电公司赔付60%的损失420302元。

（二）二审情况

原告和供电公司均提起上诉。供电公司认为，发生事故的水塘不属于《电力设施保护条例实施细则》第九条规定的应设立安全警示标志的场所，不存在疏于管理的情况且死者作为学生，学校和老师应承担安全监管义务，学校和老师也应承担相应责任。

二审法院经审理认为，供电公司作为对线路设备运行支配并享有运行利益的经营者，承担无过错责任，死者自身未尽到安全注意义务，减轻经营者的责任，但未采纳供电公司辩称的发生事故水塘不属于法定应设立安全警示标志的场所的意见，仍认为供电公司疏于管理。判决驳回上诉，维持原判。

三、法律分析

（一）本案属高压触电，适用于无过错责任归责原则

根据《民法典》相关规定，从事高压输电活动造成他人损害的，经营者应当承担侵权责任；但是，能够证明损害是因受害人故意或者不可抗力造成的，不承担责任。被侵权人对损害的发生有重大过失的，可以减轻经营者的责任。本案属于高压触电案件，适用于无过错责任归责原则且供电公司未能证明此次触电损害为死者孙×B的故意行为造成，因而不能免除供电公司的责任。

（二）高压触电的减责情形

本案系高压触电事故，原《侵权责任法》规定的减责情形只有"被侵权人对损

害的发生有过失"这一项（《民法典》已将此缩小至"被侵权人对损害的发生有重大过失"），供电公司尽责本身并不能减少或免除责任，只有证明被侵权人对损害发生有重大过失才能减轻责任。

虽然《电力设施保护条例实施细则》第九条中明确规定了应当设立安全标志的四种地点，而此次案发的鱼塘为高压线架设后死者自家挖坑自然形成的水塘（且不对外经营），不属于必须设立警示标志的地点，但法院认为人员可以自由进入此鱼塘，高压线在此穿过具有较高的危险性，应当设立警示标志。供电公司未进行安装，无法证明死者存在重大过失，故只判决死者自身承担 40%责任。

四、 启示建议

1. 依据法律规定设置电力设施保护标志和警示标志

在电力设施保护区内或可能给他人带来损害的供电设施上设立警示标志或围栏。对易发生触电事故的鱼塘边、违章建筑物上的线路、变压器等电力设施处，必须设置警示标志，如"高压危险，禁止钓鱼""高压危险，禁止接近"等。应将警示标志设置在合理、醒目位置，字体要够大、颜色要鲜艳，避免发生触电事故时受害人以警示标志不够显著为由要求赔偿损失。定期对警示标志和围栏进行巡视、维护和更新。新修订的《电力设施保护条例实施细则》中将设置警示标志的义务人由"电力管理部门"修改为"电力设施产权单位"，供电公司更要加强对警示标志的管理。

2. 加强线路巡视维护

对架设时间较长的电力线路进行重新勘验，对所处地理环境变化较大的线路重新测量对地、对房等安全距离，发现导线垂直、水平距离不符合要求，应及时进行改造，避免因为对地距离不足引发触电事故。加强对电力线路保护区的巡查，及时告知安全风险，制止在保护区内建筑、钓鱼、植树等违法行为，同时做好相关工作记录及告知书等证据留存，必要时向电力管理部门、安全管理部门等政府部门报告和备案。

五、 相关法条

1.《民法典》

第一千二百四十条 从事高空、高压、地下挖掘活动或者使用高速轨道运输工具造成他人损害的，经营者应当承担侵权责任；但是，能够证明损害是因受害人故意或者不可抗力造成的，不承担责任。被侵权人对损害的发生有重大过失的，可以减轻经营者的责任。

第一千二百四十三条 未经许可进入高度危险活动区域或者高度危险物存放区域受到损害，管理人能够证明已经采取足够安全措施并尽到充分警示义务的，可以减轻或者不承担责任。

2.《电力设施保护条例实施细则》

第九条　电力管理部门应指导电力设施产权单位在下列地点设置安全标志。

（一）架空电力线路穿越的人口密集地段；

（二）架空电力线路穿越的人员活动频繁的地区；

（三）车辆、机械频繁穿越架空电力线路的地段；

（四）电力线路上的变压器平台。

7. 救助行为不当致伤害　受益人与企业共担责

—— 管×A等三人诉供电公司、管×B触电人身损害纠纷案

一、案情简介

2018年9月29日下午4时左右，村民管×B在田地收花生，收割机料斗不慎触碰农田上方供电公司拥有产权的10kV高压线，致管×B忠触电。管×A等三人闻讯陆续赶来，通过拉扯方式救助管×B，也先后触电，最终管×A儿子找来木棍将四人救下。此事故导致管×B与管×A等三人不同程度受伤。经查，涉事高压线对地距离为4.8m。管×A等三人与某县供电公司、管×B就责任承担问题未达成一致，于2019年1月10日起诉至当地法院，要求供电公司及管×B赔偿三人各项费用合计110704.91元。

二、审理过程

法院经审理认为：①按照《10kV及以下架空配电线路设计规范》（DL/T 5220—2021），导线线路经过居民区时，在最大计算弧垂情况下，导线与地面或水平的最小距离是6.5m。供电公司所架设10kV高压线对地垂直最小距离为4.8m，未达到我国电力行业架设高压线的标准，用电保护装置未发挥有效作用，管理措施不到位，是导致事故发生的主要原因，供电公司应对本次事故原告损失承担70％的赔偿责任；②原告因救助被告管×B而受损，救助行为应当受到赞赏，被告管×B应适当给予补偿，应对原告的损失承担10％的补偿责任；③原告等三人作为完全民事行为能力人，有清晰的认知水平，对救助措施不当导致自身受伤的损失承担次要责任，自担20％责任。

三、法律分析

（一）责任比例确定

《民法典》第一千二百四十条虽然规定了高压无过错责任，但本案中涉案10kV线路对地距离为4.8m，不符合电力行业标准6.5m的规定，供电公司作为涉案线路的产权人存在过错，加重了责任承担，最终法院判决供电公司承担70％责任。

（二）减轻责任情形

根据《民法典》第一千二百四十条规定"被侵权人对损害的发生有重大过失的，可以减轻经营者的责任"。本案中因原告自身的疏忽大意，对损害的发生也存在过错，故自担20％责任。同时本案中还存在救助行为，根据《民法典》第一百八十三条规定"因保护他人民事权益使自己受到损害的，受益人根据不同情况可以或者应当给予适当补偿"。原告因救助管×B而受伤，管×B作为受益人应对原告承担10％的补偿责任。

四、 启示建议

（一） 做好电力设施前端隐患排查整改

线路垂落、对地距离不足隐患是很多涉电事故的重要原因，供电公司应提高该问题整改力度。针对线路对地距离不足、电力设施缺失警示标识、线下违章作业、电线私拉乱接等现象重点整改到位。

（二） 加大群众电力安全及触电救助方面的教育

供电企业应当在日常电力安全宣传教育中加大触电事故救助教育培训，提高人民群众防触电安全意识。通过下发宣传页、电力安全教育进农户、进社区、进校园等活动，提高群众居家用电、高压线下施工作业等方面安全意识；同时对触电防范、触电救助等知识加大教育，提高群众防触电能力。

五、 相关法条

《民法典》

第一百八十三条 因保护他人民事权益使自己受到损害的，由侵权人承担民事责任，受益人可以给予适当补偿。没有侵权人、侵权人逃逸或者无力承担民事责任，受害人请求补偿的，受益人应当给予适当补偿。

第一千二百四十条 从事高空、高压、地下挖掘活动或者使用高速轨道运输工具造成他人损害的，经营者应当承担侵权责任；但是，能够证明损害是因受害人故意或者不可抗力造成的，不承担责任。被侵权人对损害的发生有重大过失的，可以减轻经营者的责任。

第一千一百六十五条 行为人因过错侵害他人民事权益造成损害的，应当承担侵权责任。

（作者：肖娈娈）

8. 提供劳务受伤害　多方侵权共担责
—— 娄×等诉史×、供电公司提供劳务受害责任纠纷案

一、案情简介

2019 年 5 月 12 日，史×雇佣左×（死者）等人，租赁潘×吊车为发包人张×盖房，潘×操作吊车盖房过程中，吊绳触碰吊车上方供电公司所有的 10kV 高压线，造成施工人员左×死亡。娄×（系死者妻子）等人诉至法院，要求史×、供电公司二被告连带赔偿其丧葬费、精神抚慰金、死亡赔偿金等共计 15 万元。

二、审理过程

（一）一审情况

一审法院经审理认为，公民的生命健康权应受到保护。本案系提供劳务受害责任纠纷，左×在为史×提供劳务过程中遭受电击死亡，史×作为雇主和建房承包人，安全管理不到位，应承担过错赔偿责任。潘×作为吊车车主兼司机，擅自在电力设施保护区范围内开展作业，直接导致本案发生应承担赔偿责任。房主张×明知建设房屋与高压线距离过近，应意识到存在重大安全隐患却未对承包人员的资质尽到核查义务，因而应承担责任。受害人左×作为完全民事行为能力人，没有尽到必要的安全注意义务，自身存在过错，依法应减轻其他赔偿义务人的责任。从事高压活动造成他人损害的，经营者应当承担侵权责任，除有法定免责事由，故供电公司应承担责任。法院判决供电公司承担 10％的责任，吊车司机承担 50％，雇主承担 20％，房主承担 10％，受害者自担 10％。

（二）二审情况

供电公司不服提起上诉，认为供电公司并非受害人左×的雇主，不是案件适合的主体；供电公司在本案中无任何过错，所架设高压线路符合国家标准，事故是因相关行为人的违法违规行为导致，供电公司不应承担赔偿责任。

二审法院经审理认为，供电公司作为高压线路的实际控制人，对房主在高压线附近施工建房活动未尽到及时的安全提醒义务，致使参与劳务活动的雇员遭受电击死亡，对此后果一审判决较为妥当。判决驳回上诉，维持原判。

三、法律分析

（一）本案存在多个过错担责主体

《民法典》第一千一百九十二条规定："个人之间形成劳务关系，提供劳务一方因劳务受到损害的，根据双方各自的过错承担相应的责任。提供劳务期间，因第三人的行为造成提供劳务一方损害的，提供劳务一方有权请求第三人承担侵权责任，也有权请求接受劳务一方给予补偿。接受劳务一方补偿后，可以向第三人追偿。"本案中雇主史×在施工过程中未对雇佣人员加强安全管理，安全防护措施准备不

足，并放任雇佣人员在缺乏安全保障的前提下施工，应承担过错赔偿责任。根据《民法典》第一千一百六十五条规定的过错责任吊车司机擅自在电力设施保护区范围内开展危险作业造成触电事故，应承担过错责任。房主明知施工现场有高压线却未对施工现场安全防护、施工队资质尽到核查义务，应承担过错赔偿责任。受害者自身存在过错，也应承担相应责任，同时减轻其他人的赔偿责任。

（二）高压触电所致损害适用无过错责任原则

根据《民法典》第一千二百四十条，高压触电致人损害适用无过错责任原则，即高压线路的经营者对损害后果没有过错的情况下仍应承担赔偿责任，除非存在法定免责或减责事由。本案中，供电公司对左×触电导致人身损害应承担无过错责任。提供劳务受害诉讼案由不影响供电公司承担侵权责任结果。

四、 启示建议

涉及高压触电致人损害的纠纷案件的归责原则为无过错责任原则，但责任主体如果未尽到法律规定的管理义务就存在加重责任的风险，因此供电公司应积极采取措施避免。

应严格按照国家法律法规和规程的规定设计和架设高压线路，履行竣工验收程序；对线路图纸、竣工资料及其他背景资料妥善保管。对高压线路附近的施工者、经营者要及时提醒其保护电力设施，对经营范围内的用电安全尽到合理管理义务。运维单位要加强线路巡视，及时发现安全隐患，在高压危险区域设置明显的警示标识，采取有效的风险防控措施。

五、 相关法条

《民法典》

第一千一百六十五条 行为人因过错侵害他人民事权益造成损害的，应当承担侵权责任。

第一千一百九十二条 个人之间形成劳务关系，提供劳务一方因劳务造成他人损害的，由接受劳务一方承担侵权责任。接受劳务一方承担侵权责任后，可以向有故意或者重大过失的提供劳务一方追偿。提供劳务一方因劳务受到损害的，根据双方各自的过错承担相应的责任。

提供劳务期间，因第三人的行为造成提供劳务一方损害的，提供劳务一方有权请求第三人承担侵权责任，也有权请求接受劳务一方给予补偿。接受劳务一方补偿后，可以向第三人追偿。

第一千二百四十条 从事高空、高压、地下挖掘活动或者使用高速轨道运输工具造成他人损害的，经营者应当承担侵权责任；但是，能够证明损害是因受害人故意或者不可抗力造成的，不承担责任。被侵权人对损害的发生有重大过失的，可以减轻经营者的责任。

（作者：蔡凤梅）

第二章

低 压 触 电

9. 擅自接电绕漏保　供电企业不担责
—— 郭×A等四原告诉供电公司触电人身损害纠纷案

一、 案情简介

2018年7月19日，郭×B雇人在自家房顶进行钢结构焊接作业，受雇作业人员从外墙公用电能表箱前线路上接线，作为电焊机作业（额定电压220V）的电源线路，电焊机电源线路外皮多处破损，作业期间电源线路与钢结构接触，导致郭×B碰触钢结构时触电死亡。郭×A等四原告认为供电公司电能表、电线等设施存在严重缺陷，不符合安全用电标准，应当在电能表下方安装漏电保护装置而未安装，将供电公司诉至人民法院，请求判令被告赔偿各项损失人民币45.52万元。

事发后，供电公司员工以视频方式全程完整记录了现场情况，受雇作业人员对接电位置进行了指认，郭×B家属对房屋内闸刀开关旁边安装有剩余电流动作保护器（漏电保护器）予以确认。

二、 审理过程

（一） 一审情况

一审法院经审理认为，郭×B是低压触电，适用过错责任原则，按各方在事故中的过错程度确定各方责任。供电公司对电力设施有维护、维修和安全管理义务，其电工当庭陈述，事故发生前入户电能表箱未安装剩余电流动作保护器，故供电公司负有相应责任，承担60％的赔偿责任。郭×B是成年人，具有完全民事行为能力，其在修缮房顶电焊作业时未采取安全用电措施，没有尽到安全谨慎用电义务，承担40％责任。判令供电公司赔偿原告各项损失220087.84元。

（二） 二审情况

供电公司不服判决提起上诉，主要理由有两点：①一审判决颠倒黑白，强加侵权责任，一审判决认定"能够证明事故发生时原告家中未安装漏电保护装置"，而视频和照片清晰显示，事故发生时受害人郭×B家中安装有漏电保护装置；一审判决认定"事发后电工把电能表箱更换后并加装了剩余电流动作保护器"，事实恰恰相反，更换后的电能表箱并未安装漏电保护器。②一审判决舍本逐末，回避基本事实，回避了郭×B家中安装有剩余电流动作保护器且电焊机接电并未通过该剩余电流动作保护器这一事实；回避了郭×B家雇人在房顶加装钢结构且电焊机系他人提供的事实。

二审法院经审理认为，一审法院未查明案件事实，裁定撤销一审判决，发回重审。

（三）重审情况

重审一审法院认为，郭×B在安装钢结构屋顶施工过程中触电身亡，属低压触电事故，适用一般侵权责任构成要件，原告应当对供电公司存在过错承担举证责任。首先，郭×B住宅内闸刀开关旁安装有剩余电流动作保护器，原告陈述电焊机接电点为住宅内闸刀开关处，但原告不能证明电焊机用电是否通过住宅内剩余电流动作保护器，而无论电焊机用电是否通过住宅内剩余电流动作保护器，均不能证明供电公司应对郭×B住宅内用电行为发生的后果承担责任。其次，根据现场勘验视频显示，电焊机操作人员指示电焊机接电点为施工住宅外电能表箱处，如其指示为真实情况，则不论电焊机接电点是否通过了郭×B家电能表，电焊机用电行为均不能经过住宅内剩余电流动作保护器，从而不能证明供电公司对公用电能表箱未安装剩余电流动作保护器造成的后果承担责任。原告提交的证据不能证明供电公司对触电事故发生存在过错，应承担举证不能的法律后果。2020年6月，重审一审法院判决驳回原告诉讼请求，案件受理费由原告负担。原告未上诉，该一审判决已生效。

三、法律分析

（一）本案适用过错责任归责原则

本案原审一审和重审一审均确认郭×B雇人使用电焊机（额定电压220V）作业，系低压触电，根据当时《侵权责任法》第六条第一款，适用一般侵权责任构成要件，原告应对供电公司对触电事故存在过错承担举证责任。

（二）原告证据不能证明供电公司对郭×A触电存在过错

首先，原告证据表明案涉电能表箱内没有安装剩余电流动作保护器，供电公司提供的现场视频等证据表明郭×B家中安装有剩余电流动作保护器且电焊机操作人员从公用电能表箱前接电，没有经过郭×B家中已安装的剩余电流动作保护器，因此，郭×B触电后果与公用电能表箱内是否安装剩余电流动作保护器无关。其次，原告没有证据证明郭×B触电属于剩余电流动作保护器保护范围。《农村低压电力技术规程》（DL/T 499—2001）第5.1.1条、第5.1.2条规定，剩余电流动作保护是防止因低压电网剩余电流造成故障危害的有效技术措施，低压电网剩余电流保护一般采用剩余电流总保护（中级保护）和末级保护的多级保护方式。剩余电流总保护和中级保护的范围是及时切除低压电网主干线路和分支线路上断线接地等产生较大剩余电流的故障。剩余电流末级保护装于用户受电端，其保护的范围是防止用户内部绝缘破坏、发生人身间接接触触电等剩余电流造成的事故，对直接接触触电，仅作为基本保护措施的附加保护。剩余电流动作保护器对被保护范围内相—相、相—零间引起的触电危险不起保护作用。

（三） 重审一审判决严格遵循一般侵权责任下的证明责任分配规则， 所作判决是公正的

原审一审法院尽管采信了供电公司提供的现场视频证据，却歪曲证明目的，将原告家中安装有剩余电流动作保护器认定为原告家中没有安装剩余电流动作保护器，进而以公用电能表箱中未安装剩余电流动作保护器为由，判令供电公司承担责任。《最高人民法院关于适用〈中华人民共和国民事诉讼法〉的解释》第九十条："当事人对自己提出的诉讼请求所依据的事实或者反驳对方诉讼请求所依据的事实，应当提供证据加以证明，但法律另有规定的除外。在作出判决前，当事人未能提供证据或者证据不足以证明其事实主张的，由负有举证证明责任的当事人承担不利的后果。"重审一审法院依据上述规定，认为郭×A等四原告提交的证据不能证明供电公司对郭×B触电后果存在过错，应承担举证不能的法律后果，判令驳回四原告对供电公司诉讼请求。

（四） 农村用户安装并规范使用漏电保护器是其法定义务

根据《农村低压安全用电规程》（DL 493—2015）第4.1.2条规定，农村用户应安装剩余电流动作保护电器；第4.2.2条规定，用户应安装合格的户用和末级剩余电流动作保护电器，不得擅自解除、退出运行。重审一审法院注意到电焊机操作人员从公用电能表箱前接电，没有经过郭×B家中已安装的剩余电流动作保护器，与公用电能表箱内是否安装剩余电流动作保护器无关，据此认为原告没有证据证明供电公司对触电事故存在过错。重审一审法院判决根据证据事实且说理充分，能够指引农村用户依法依规安全用电，起到良好的社会效果。

四、 启示建议

（一） 持续提升全社会安全用电意识

要持续开展面向社会公众的安全用电宣传，推动用户及时消除归其所有或者维护管理的电力设施的安全隐患，规范安装末级漏电保护器并定期试验，引导用户避免擅自接引电源，尤其不能绕过漏电保护器接电，从而实现有序安全用电。

（二） 提高全员证据意识

实践中，除非供电公司能够提供其他原因导致死亡的证据，人民法院通常会采用高度盖然性规则，根据原告提供的急诊病历、死亡医学证明等确认触电死亡的事实。高度盖然性规则主张民事案件的证明标准只须达"法官基于盖然性认定案件事实时，应该能够从证据中获得待证事实极有可能如此的心证，法官虽然还不能排除其他可能性，但已经能够得出待证事实十之八九是如此的结论"的程度即可。这提示供电公司要形成证据收集固定机制，一是要明确触电事件发生时到现场固定证据的工作程序，明确牵头部门、配合部门，明晰职责，落责到人；二是在触电事件发生时，要协同公安机关等单位第一时间到现场，通过录制音视频等多种方式固定证据，要做到完整、连续、客观。

（三） 持续加强供用电合同管理

供电企业要加强供用电合同签订和履行管理，规范运用供用电合同文本，准确约定产权分界点和运行维护管理分界点，并依据实际变化情况签订变更协议。

五、 相关法条

1.《民法典》

第一千一百六十五条 行为人因过错侵害他人民事权益造成损害的，应当承担侵权责任。

依照法律规定推定行为人有过错，其不能证明自己没有过错的，应当承担侵权责任。

2.《民事诉讼法》

第六十七条 当事人对自己提出的主张，有责任提供证据。

当事人及其诉讼代理人因客观原因不能自行收集的证据，或者人民法院认为审理案件需要的证据，人民法院应当调查收集。

人民法院应当按照法定程序，全面地、客观地审查核实证据。

第一百七十七条 第二审人民法院对上诉案件，经过审理，按照下列情形，分别处理：

（一）原判决、裁定认定事实清楚，适用法律正确的，以判决、裁定方式驳回上诉，维持原判决、裁定；

（二）原判决、裁定认定事实错误或者适用法律错误的，以判决、裁定方式依法改判、撤销或者变更；

（三）原判决认定基本事实不清的，裁定撤销原判决，发回原审人民法院重审，或者查清事实后改判；

（四）原判决遗漏当事人或者违法缺席判决等严重违反法定程序的，裁定撤销原判决，发回原审人民法院重审。

原审人民法院对发回重审的案件作出判决后，当事人提起上诉的，第二审人民法院不得再次发回重审。

3.《最高人民法院关于适用〈中华人民共和国民事诉讼法〉的解释》

第九十条 当事人对自己提出的诉讼请求所依据的事实或者反驳对方诉讼请求所依据的事实，应当提供证据加以证明，但法律另有规定的除外。

在作出判决前，当事人未能提供证据或者证据不足以证明其事实主张的，由负有举证证明责任的当事人承担不利的后果。

4.《农村低压安全用电规程》（DL493—2015）

4.1.2 农村用户应安装剩余电流动作保护电器。未按规定要求安装使用的，供电企业有权依法中止供电。剩余电流动作保护电器应符合 GB/T 6829 的规定。

4.2.2 用户应安装合格的户用和末级剩余电流动作保护电器，不得擅自解除、退出运行。

5.《农村低压电力技术规程》（DL/T 499—2001）

5.1.1　剩余电流动作保护是防止因低压电网剩余电流造成故障危害的有效技术措施，低压电网剩余电流保护一般采用剩余电流总保护（中级保护）和末级保护的多级保护方式。

a. 剩余电流总保护和中级保护的范围是及时切除低压电网主干线路和分支线路上断线接地等产生较大剩余电流的故障。

b. 剩余电流末级保护装于用户受电端，其保护的范围是防止用户内部绝缘破坏、发生人身间接接触触电等剩余电流所造成的事故，对直接接触触电，仅作为基本保护措施的附加保护。

5.1.2　剩余电流动作保护器对被保护范围内相—相、相—零间引起的触电危险，保护器不起保护作用。

（作者：窦百文）

10. 低压触电看产权　维护不到责自担
—— 祁×诉李×、供电公司健康权纠纷案

一、案情简介

2016年，李×在A村承包土地建大棚种植蔬菜，为灌溉菜地向供电公司申请用电，其自备电缆，由驻村电工在村外路边电杆处为其接电，并安装了电能表和剩余电流动作保护器（漏电保护器）。电缆自电能表引出后下垂至地面，沿田间地头沟埂明铺地面至李平和田地井沿，距离约310m，输出电压380V。2019年8月4日，祁×在自己承包的田地里割草时，不慎砍破该电缆绝缘皮导致触电受伤，身上和手指多处烧伤，后经司法鉴定为7级伤残。2019年12月，祁×以未尽到管理职责为由将李×、供电公司诉至法院，要求赔偿原告各项损失25万余元。

二、审理过程

（一）一审情况

一审法院经审理认为：①原告系低压触电受伤，该用电设施使用已达三年之久，超出临时性用电之期限，供电公司应要求被告李×办理永久正式用电手续，并对受送电设施进行检验，否则应"终止供电"，供电公司违反相关法律法规仍继续供电，对本事故的发生负有责任；②被告李×作为事故电缆的产权人、实际管理人、受送电设施的设置人，对事故也应承担责任；③原告祁×作为成年人，对于沿自己承包田地头设置的电缆也很清楚，但由于疏忽大意而未尽到安全注意义务，故对自己受伤所造成的损害结果，也应承担一定责任。判决供电公司承担事故40%责任，赔偿原告损失79639.29元；被告李×承担事故40%责任；原告自行承担事故20%责任。

（二）二审情况

供电公司不服一审判决，以非涉案线路的产权人不应承担责任为由提起上诉。

二审法院经审理认为：①供电公司不是涉事线路产权人，原告主张由其承担赔偿责任，缺乏充分依据；②事故线路系低压线路，产权归李×，其作为产权人对涉案线路负有安全管理义务，其对事故发生负有主要过错；③祁×明知涉事线路长期架设于此，劳作中未充分注意安全导致损害发生，自身应承担相应责任。二审法院撤销原审判决，改判被告李×承担事故70%责任；原告自行承担30%责任；供电公司不承担责任。

三、法律分析

（一）低压触电案件的举证责任

低压触电事故系一般侵权案件，适用谁主张谁举证的举证责任分配原则。原告对自己提出的诉讼请求，有责任提供证据证明被告对事故的发生有过错，否则就应

承担因举证不能导致的不利后果。本案中，原告以供电公司超出临时性用电期限且未安装剩余电流动作保护器作为供电公司应当承担责任的证据，但相关法规并未规定供电公司超出临时用电期限的相关责任且安装剩余电流动作保护器是电力客户的义务和责任，因此该证据并不能证明供电公司对事故的发生有过错，故原告应当承担举证不能导致的不利后果。

（二） 低压触电案件的归责原则

低压触电适用过错归责原则，根据《供电营业规则》第五十四条规定"供电设施产权所有者对在供电设施上发生的事故承担法律责任"。本案中，供电公司虽未能提供《供用电合同》这一关键证据，但由于触电点位于用户电能表侧以下，结合《供电营业规则》第五十条关于产权分界点之规定"供电设施的运行维护管理范围，按照产权归属确定。公用低压线路供电的，以电能表前的供电接户线用户端最后支持物为分界点，支持物属供电企业"，涉案线路产权归用户所有，法律责任也应由用户承担。

四、 启示建议

加强临时用电管理。临时用电业务必依照规范流程办理，并依法签订《临时供用电合同》，在合同中明确约定产权分界点："产权分界点电源侧产权属供电人，分界点负荷侧产权属用电人"，并在合同签订时提醒用户供用电双方分别应承担的责任："双方各自承担其产权范围内供用电设施的运行维护管理责任，并承担各自产权范围内供用电设施上发生事故等引发的法律责任"，避免相关法律风险。同时，申请临时用电的用户不得将临时电源对外转供电，也不得将临时电源转让给第三人。用电人在《临时供用电合同》约定的用电期限到期后仍需继续用电的，应在用电终止前向供电人提出申请，并按规定办理手续。

五、 相关法条

1.《民事诉讼法》

第六十四条 当事人对自己提出的主张，有责任提供证据。当事人及其诉讼代理人因客观原因不能自行收集的证据，或者人民法院认为审理案件需要的证据，人民法院应当调查收集。人民法院应当按照法定程序，全面地、客观地审查核实证据。

2.《供电营业规则》

第五十条 供电设施的运行维护管理范围，按照产权归属确定。产权归属不明确的，责任分界点按照下列各项确定：

（一）公用低压线路供电的，以电能表前的供电接户线用户端最后支持物为分界点，支持物属供电企业；

（二）10（6、20）千伏以下公用高压线路供电的，以用户厂界外或配电室前的第一断路器或第一支持物为分界点，第一断路器或第一支持物属供电企业；

（三）35千伏以上公用高压线路供电的，以用户厂界外或用户变电站外第一基电杆为分界点，第一基电杆属供电企业；

（四）采用电缆供电的，本着便于维护管理的原则，分界点由供电企业与用户协商确定；

（五）产权属于用户且由用户运行维护的线路，以公用线路分支杆或专用线路接引的公用变电站外第一基电杆为分界点，专用线路第一基电杆属用户。

在电气上的具体分界点，由供用双方协商确定。

第五十四条 供电设施产权所有者对在供电设施上发生的事故承担法律责任，但法律法规另有规定的除外。

（作者：李梦悦 郑 岩）

11. 低压触电存过错　供电公司仍担责

—— 韩×等诉供电公司等生命权纠纷案

一、案情简介

2017年7月起，瞿×租用了马×A建设在B镇的活动板房，并在板房前用铁棍等搭建了简易棚。2018年9月4日，瞿×被发现死于简易棚外，现场照片显示有电线从板房引出，接入简易棚上的LED灯和棚外机器，当地派出所委托鉴定机构鉴定结果显示：死者符合电击死。

经查，活动板房内的线路系马×A自行购买电线和漏电保护器，并委托供电公司电工马×B进行安装，日常电费的收取等工作也由马×B负责。板房内线路与城后某村建设生态廊道工程时安装的绿化用配电机井的配电箱相连，市政园林工程有限公司于2014年2月中标该生态廊道工程设计及监理项目。2019年8月7日，原告向法院提起诉讼，要求房东马×A、供电公司、村委会以及市政园林工程有限公司、电工马×B等人赔偿原告各项损失共计约112.02万元。

二、审理过程

（一）一审情况

一审期间，原告向法院提出申请，请求对涉案房屋内的线路、电能表、剩余电流动作保护器（漏电保护器）、低压断路器等用电环境是否存在漏电等安全隐患进行鉴定。鉴定意见为：漏电保护装置不符合国家标准要求，屋内配电箱内未安装接地线，存在安全隐患；因现场已经改变，无法确认受害者具体的触电地点。

一审法院经审理认为：①本案非高压触电，应适用过错责任原则；②按照《农村安全用电规程》等规定，供电公司对事发农村地区安全用电有检查、管理等义务，供电公司放任、忽视用户私拉乱接，对事故发生存在过错；③马×B作为电工，将马×A出租房的经营用电私自乱接至农业排灌用电，违反相关规定且安装的线路存在安全隐患；④死者瞿×系完全民事行为能力的承租人，为经营需要私自接拉电线，自身存在一定过错。判决供电公司承担15％的赔偿责任；房东马×A、电工马×B按照各自过错分别承担30％、5％的赔偿责任；死者自身承担50％责任。

（二）二审情况

供电公司不服提起上诉，上诉理由主要为涉案线路产权不属于供电公司，供电公司无维护管理的义务，原审法院认定事实有误，供电公司不存在过错。

二审法院经审理认为：①供电公司对涉事地不规范用电情况的忽视是导致触电事故发生的因素之一，存在过错；②马×A作为出租人有义务保证出租房屋的使用安全，其未能尽到相应的安全保障义务，存在过错。判决驳回上诉，维持原判。

三、 法律分析

（一） 低压触电案件的归责原则

本案系低压触电引起的人身损害责任纠纷，应依照《中华人民共和国民法典》第一千一百六十五条第一款"行为人因过错侵害他人民事权益造成损害的，应当承担侵权责任"的规定，适用过错责任原则。本案法院也是基于过错责任原则，在认定被告各方过错程度的基础上，分配各方应承担的责任比例。

（二） 供电公司发现用户产权线路安全隐患后的义务

一般情况下，按照《供电营业规则》第五十四条规定，低压触电案件应根据供电设施产权归属确定责任主体。本案虽认定涉案线路产权不属于供电公司，但法院依然判决供电公司存在过错，主要基于以下两个方面：①供电公司未尽到对涉案地区的检查、管理、宣传教育等义务；②配电房内产权分界点处存在私拉乱接的现象。据此法院认定，供电公司存在放任、忽视不规范用电的情形，对事故的发生存在一定过错。

依据《供电监管办法》第九条规定，供电企业发现用电设施存在安全隐患，应当及时告知用户采取有效措施进行治理。司法实践中，供电公司明知用户用电设施存在安全隐患，而未及时告知用户采取有效措施进行治理的，是法院判决供电公司承担责任的原因之一。因此，在日常工作中，业务部门应结合日常入户走访中发现的线路老化、安全防护不到位等可能引发事故的风险点，及时履行告知义务，并留存相关证据材料，规避此类风险。

（三）职务行为责任承担

本案中，法院虽然并未将涉案线路系供电公司员工安装这一事实认定为供电公司担责的原因，但在实践中，因供电公司行业的特殊性，员工实施的某些与电力有关的行为如接线、维修等，很难区分是个人行为还是职务行为，如不对员工行为规范管理，会增加供电公司因员工职务行为担责的法律风险。

四、 启示建议

（一） 加强用户侧安全用电管理

严格按周期开展用电检查，针对临时用电、农业排灌、煤改电、充换电等高风险客户开展专项现场检查，重点对末级漏保缺失等常见安全隐患，向用户下发书面风险提示，增强客户安全责任主体意识。同时，加强用电安全知识宣传，针对重点区域和重点人群，采取案例等多种形式，联合社会媒体推介、宣传公司安全用电、保障电力安全供应的理念和经验，带动社会各方更加关注安全用电，积极减少触电伤害。

（二） 加强员工规范管理

因供电行业员工身份的特殊性，其某些与电有关的行为易引起误解，认定为职务行为。特别是农电工这一特殊群体的存在，在实际工作中，经常发生农电工兼职村电工，包揽村内日常电力维修的情况。建议供电公司加强对员工行为的规范化管理，重点加强对农电工的业务知识和法律法规培训，防范员工在外不当行为引起的法律风险。

五、 相关法条

1.《民法典》

第一千一百六十五条　行为人因过错侵害他人民事权益造成损害的，应当承担侵权责任。

依照法律规定推定行为人有过错，其不能证明自己没有过错的，应当承担侵权责任。

2.《供电营业规则》

第五十四条　供电设施产权所有者对在供电设施上发生的事故承担法律责任，但法律法规另有规定的除外。

3.《供电监管办法》

第九条　电力监管机构对供电企业保障供电安全的情况实施监管。

供电企业应当坚持安全第一、预防为主、综合治理的方针，遵守有关供电安全的法律、法规和规章，加强供电安全管理，建立、健全供电安全责任制度，完善安全供电条件，维护电力系统安全稳定运行，依法处置供电突发事件，保障电力稳定、可靠供应。

供电企业应当按照国家有关规定加强重要电力用户安全供电管理，指导重要电力用户配置和使用自备应急电源，建立自备应急电源基础档案数据库。

供电企业发现用电设施存在安全隐患，应当及时告知用户采取有效措施进行治理。用户应当按照国家有关规定消除用电设施安全隐患。用电设施存在严重威胁电力系统安全运行和人身安全的隐患，用户拒不治理的，供电企业可以按照国家有关规定对该用户中止供电。

（作者：卢玲玲　能亚东）

12. 低压用户资产出问题　供电公司担责为哪般
—— 孟×B等诉供电公司等触电人身损害责任纠纷案

一、案情简介

2016年7月21日下午，死者孟×A在河堤上，不慎滑倒，触碰到地上的一段裸露电线触电经抢救无效当场死亡。根据110出警记录，孟×A系下河摸鱼过程中触电死亡。经查，涉案线路为低压线路，于2016年7月19日洪涝灾害后断落在水中，产权归村委会所有。供电公司与村委会签订有供用电合同。2016年8月孟×家属将供电公司、村委会及保险公司诉至法院，要求赔偿各项损失共计90余万元。

二、审理过程

（一）一审情况

一审法院经审理认为：①根据供电公司提供的《供用电合同》，事发地线路产权属于供电公司所有，供电公司作为产权人和受益人，对线路具有维护、管理的责任，故供电公司应当承担事故的主要责任；②死者作为成年人，应当预见到恶劣天气之后在水下摸鱼的危险性，自身应当承担相应责任。判决供电公司承担事故80％的责任，由保险公司在保险范围共赔偿原告各项损失近70万元。

（二）二审情况

死者家属以死者自身不应承担事故责任为由提起上诉；供电公司及保险公司以原审认定涉案线路产权属于供电公司错误，责任比例划分错误为由提起上诉。

二审法院在组织现场勘验及庭审后，认为原审事实认定不清，发回原审法院重审。

（三）发回重审一审

重审一审法院经审理认为：①供电公司在补签合同过程中，将合同生效日期提前至2016年1月1日且未加盖骑缝章，存在瑕疵，但结合现场情况及合同连续履行情况，可以认定涉案线路产权属于村委会所有，村委会应对事故承担相应责任；②根据《供电监管办法》（电监会27号令）第九条："供电企业发现用电设施存在安全隐患，应当及时告知用户并采取有效措施进行治理。"供电公司未对用户线路上发生的明显线路断落安全隐患尽到监管义务，同时在合同签订中瑕疵行为，亦需承担相应责任；③死者作为成年人，应当预见到恶劣天气之后在水下摸鱼的危险性，自身应当承担相应责任。判决供电公司承担事故40％的责任，并由保险公司负责赔偿；村委会作为电力设施产权人，承担事故40％的责任；受害人自身承担事故20％的责任。

（四）发回重审二审

死者家属以自身不存在过错为由提起上诉；村委会以其不是产权人为由提起上诉。

重审二审法院经审理认为，死者作为成年人，对自身的危险行为应当承担责任。村委会和供电公司签订有《供用电合同》且在签署页签字盖章，属于双方真实意思表示。合同虽属补签，但不影响合同效力，涉案线路产权人应当认定为村委会，其应当承担责任。原审认定事实正确，责任划分恰当，判决驳回上诉，维持原判。

（五） 申请再审

村委会向省高院申请再审，认为判决认定其为产权人属于事实错误；供电公司合同中的责任划分条款属于单方免责条款，应属无效；供电公司负有法定检修义务，应当承担全部责任；死者自身应当承担事故主要责任；原审死亡赔偿金标准适用错误。

省高院经审查认为，涉案线路位于产权分界点负荷侧，产权属于村委会所有。事故发生前该线路已经长期存在，村委会明知合同中对于责任划分有约定，还签订合同，属于事后的追认，原审判决并无不当。裁定驳回村委会再审申请。

三、 法律分析

（一） 归责原则和责任主体

归责原则方面，涉案线路电压等级为380V，属于低压触电事故，根据《民法典》规定，属于普通侵权，应当适用过错责任归责原则。

责任主体方面，《供电营业规则》第五十四条规定"供电设施产权所有者对在供电设施上发生的事故承担法律责任。"本案责任主体应当根据查明的电力设施产权人加以确定。

（二） 涉案线路的产权归属

涉案电力设施的产权归属，是确定本案责任划分的核心问题。本案中，供电公司与村委会签订的供用电合同虽属事后补签，但约定明确，产权分界点的约定与《供电营业规则》规定一致且双方在事前、事中、事后均正常履行合同，村委会按照分界处的电能计量结果缴纳电费，未对合同内容提出异议，可以认定双方认可补签合同的效力。特别是事发前供用电关系事实上存在，关于产权分界点的约定可以延伸至合同补签之前。本案事发地位于村委会用电侧，距离产权分界点500m开外，结合合同约定可以认定事发的线路产权属于村委会所有。

（三） 供电公司承担责任的原因

《供电监管办法》第九条明确规定"供电企业发现用电设施存在安全隐患，应当及时告知用户并采取有效措施进行治理"，本案中，供电公司未尽到提醒告知义务，这也是法官内心确认供电公司承担责任的基础。另外，本案中法官明确指出，供电公司与村委会签订的供用电合同系事后补签，在告知产权分界和维护责任方面存在瑕疵，故最终判决供电公司承担40％责任。

四、 启示建议

（一） 规范供用电合同签订与管理

本案中，供电公司与村委会签订的原始供用电合同因洪灾受损，相关管理部门及时补签，一定程度规避了风险。但签订合同的瑕疵也被法院明确指出，建议在供用电合同签订及管理中关注以下几项问题：①合同对方如果是个人用户，应当在签字处加盖手印，并在产权分界点、维护责任划分等处加盖手印表示确认；②合同对方为单位的，应当在产权分界点、维护责任划分等处加盖公章，并加盖骑缝章；③产权分界示意图应当尽量明确具体，合同利用产权分界点附近的明显标志物作为参照，避免发生纠纷时产生歧义。

（二） 做好灾害天气后的设备巡视

本案发生在 2016 年 7·19 洪涝灾害之后，法院以公司未对明显的安全隐患尽到监管义务判决公司承担责任并无不当。建议运维部门加大极端天气后的设备巡视力度，发现隐患及时采取措施。对用户产权的设施设备，如处在公共区域且存在明显或重大安全隐患的，及时做好安全隐患提示，告知产权人及时进行处理，并做好证据留存。

五、 相关法条

1. 《民法典》

第四百九十条　当事人采用合同书形式订立合同的，自当事人均签名、盖章或者按指印时合同成立。在签名、盖章或者按指印之前，当事人一方已经履行主要义务，对方接受时，该合同成立。

法律、行政法规规定或者当事人约定合同应当采用书面形式订立，当事人未采用书面形式但是一方已经履行主要义务，对方接受时，该合同成立。

第一千一百六十五条　行为人因过错侵害他人民事权益造成损害的，应当承担侵权责任。

2. 《供电监管办法》（电监会 27 号令）

第九条　供电企业发现用电设施存在安全隐患，应当及时告知用户采取有效措施进行治理。用户应当按照国家有关规定消除用电设施安全隐患。用电设施存在严重威胁电力系统安全运行和人身安全的隐患，用户拒不治理的，供电企业可以按照国家有关规定对该用户中止供电。

3. 《供电营业规则》

第五十四条　供电设施产权所有者对在供电设施上发生的事故承担法律责任，但法律法规另有规定的除外。

（作者：石　磊　张轶然）

13. 无证作业致身亡　管理缺失要担责
—— 郭×诉供电公司合同纠纷案

一、案情简介

2016年6月24日，死者华×（没有电工作业资格）在郭×家中维修电路时不幸触电身亡，后经调解赔偿死者家属各项损失45万元。2016年8月，郭×以供电公司未在其电能表上安装断电保护器，未按照国家规定的供电质量标准和约定安全供电为由，将供电公司诉至法院，要求承担损害赔偿责任。

经查，郭×实际用电地址系统登记不一致。在郭×的用户档案中未查找到供用电合同等信息，无法确定涉案线路是否为郭×自行接线，只能确定该线路未安装剩余电流动作保护器（漏电保护器）。

二、审理过程

（一）一审过程

一审法院经审理认为：①郭×作为被帮工人应当对事故承担相应责任；②供电公司应当为原告安装剩余电流动作保护器，而没有为用户安装剩余电流动作保护器，也没有告知用户需要安装用电保护器，违反安全注意义务。判决供电公司承担事故50％的赔偿责任，赔偿原告22.5万元。

（二）二审情况

供电公司不服判决提起上诉，上诉理由为一审法院认定"供电公司应当为用户安装剩余电流动作保护器"属于认定事实错误，同时适用法律错误、划分责任不当。

二审法院经审理认为，一审判决认定事实不清，裁定撤销一审判决，发回重审。

（三）重审一审

重审一审法院经审理认为：①受害人在维修电路时缺乏安全保护意识，应当自行承担部分责任；②原告作为涉案线路产权所有者，亦应当承担相应责任；③供电公司作为电力设施管理者在用户不符合用电安全规范，涉案设施存在安全隐患的情况下未做安全处理，仍让用户使用，没有尽到监管义务。判决供电公司承担事故30％的赔偿责任，赔偿原告13.5万元。

（四）重审二审

供电公司不服重审一审判决提起上诉，上诉理由主要为原审认定事实错误，供电公司对事故发生不存在过错，不应承担责任。

重审二审法院经审理认为，供电公司对于居民安全用电具有检查、指导的法定义务，明知存在安全隐患却不采取相应措施而仍然送电，对华×触电死亡存在一定过错。判决驳回上诉，维持原判。

三、 法律分析

（一） 原、 被告之间是否存在供用电合同关系

根据《民法典》第六百四十九条规定，供电人应当与用电人签订供用电合同，并明确约定用电地址。当事人未采用书面形式但是一方已经履行主要义务，对方接受时，该合同成立。本案中，经供电公司核查，原告郭×在供电公司营销系统中登记的用电地址，与其实际用电地址不一致，也无法查明该用户报装时是否订立书面的供用电合同。但多年以来，原告一直对涉事电能表缴纳电费和用电，供电公司进行供电和计费，原、被告之间早已形成事实上的供用电合同关系。

（二） 漏电保护器的安装运维义务如何确定

原告郭×认为供电公司未为其安装剩余电流动作保护器（漏电保护器）造成损失，应当承担损害赔偿责任。而根据《农村安全用电规程》（DL 493—2015）"4.2.2 用户应安装合格的户用和末级剩余电流动作保护电器，不得擅自解除、退出运行"规定可以看出，安装剩余电流动作保护器是原告郭×的责任。同时，根据《供电监管办法》第九条规定，供电企业发现用户存在安全隐患（如未安装剩余电流动作保护器），应及时告知用户采取有效措施进行治理。

（三） 原告及受害人对事故发生是否应当承担责任

华×在无偿帮助原告维修原告产权下的低压线路过程中触电身亡，根据《最高人民法院关于审理人身损害赔偿案件适用法律若干问题的解释》的第十四条规定，原告作为被帮工人应该承担赔偿责任。此外，原告郭×具有以下过错：邀请没有资质的华×间接带电维修自家的低压用电线路，在没有投入剩余电流动作保护器的情况下安排华×间接带电作业，未为华×提供安全防护用品（如绝缘梯等）。同时，受害人华×作为一位完全民事行为能力人，明知自己不具备电工进网作业的资格和技能，在未采取必要的安全防护措施的情况下，盲目地进行间接带电作业造成自己触电身亡，对事故也应承担一定的责任。

（四） 供电公司对用户产权线路设备上的明显隐患， 是否应当提醒告知

按照《供电营业规则》第五十四条规定"供电设施产权所有者对在供电设施上发生的事故承担法律责任"，本案中供电公司对产权属于用户的低压用电线路发生的事故不应承担民事责任。但本案法官认为，供电企业有义务对用户安全用电等行为进行监管（或指导）且剩余电流动作保护器紧接电能表，供电公司每次抄表时均能明显看到此处缺少一个剩余电流动作保护器，明知存在安全隐患却不采取相应措施而仍然送电，对华×触电死亡存在一定过错，判决供电公司承担一定的赔偿责任。因此，供电企业在日常工作中，对于发现用户产权线路设备上的明显隐患（尤其是暴露在公共视野范围内的明显隐患），应当根据《河南省供用电条例》《供电监管办法》的有关规定，及时对有关用户进行告知提醒，必要时可采取一定的临时防护措施。

四、 启示建议

（一） 强化供用电合同及档案资料的管理

本案因存在供用电合同原件档案缺失、登记用电地址与实际不符等问题，导致供电公司在举证中陷入被动。建议营销部门强化管理，对各类供用电合同等档案进行排查、梳理、整改，将发现存在缺失的合同档案及时补签，已到期的合同及时续签等，对新立户用户严格按照要求订立合同、开具和签署有关工单，保存有关档案资料；同时建议在低压供用电合同中增加由用户负责安装、运行和维护剩余电流动作保护器的条款（或由办电用户签收含有上述内容的"用电业务办理告知书"作为合同附件），并在签订时对用户进行提示和说明，做好证据留存。

（二） 加强供电末端资产的维护

本案的涉案表箱未上锁，抄表员对工作交接前的接线情况不甚了解，无法确定表箱内的接线是否被改动过，建议今后加强对供电末端资产的巡视，对发现的未落锁、外壳损坏等问题及时上报和整改，做到表箱应锁尽锁、应换尽换等，定期安排专人进行抽查，对有关员工的履职行为进行监督和问责。

（三） 加强对用户侧资产隐患的提醒告知

日常工作中若发现用户电力设施存在隐患，应第一时间告知提醒，要求用户限期整改，并通过书面送达签收、录音录像等方式固定告知提醒的证据。用户请求予以指导的，应当积极予以指导。用户拒绝整改的，可根据安全风险情况，采取技防措施消除隐患风险，或在采取临时防护措施后请求电力管理部门、安全管理部门等政府部门介入处理。

（四） 强化面向客户的安全用电宣传

在日常安全用电宣传过程中，一方面要正确宣传剩余电流动作保护器的原理和作用，积极引导用户安装剩余电流动作保护器，提升日常生产生活安全保障；另一方面要培养用户的依法安全用电意识和素养，形成按产权归属划分日常管理维护责任的概念，尤其需要引导居民用户形成聘请专业人员对自家电力设施进行维护的意识，最大限度避免因用户产权设施发生人身、财产损害事故，导致供电公司被诉的情况，同时要做好宣传记录和痕迹留存。

五、 相关法条

1. 《民法典》

第四百九十条 当事人采用合同书形式订立合同的，自当事人均签名、盖章或者按指印时合同成立。在签名、盖章或者按指印之前，当事人一方已经履行主要义务，对方接受时，该合同成立。

法律、行政法规规定或者当事人约定合同应当采用书面形式订立，当事人未采用书面形式但是一方已经履行主要义务，对方接受时，该合同成立。

第六百四十八条 供用电合同是供电人向用电人供电，用电人支付电费的合同。

第六百四十九条 供用电合同的内容一般包括供电的方式、质量、时间、用电容量、地址、性质、计量方式，电价、电费的结算方式，供用电设施的维护责任等条款。

第六百五十一条 供电人应当按照国家规定的供电质量标准和约定安全供电。供电人未按照国家规定的供电质量标准和约定安全供电，造成用电人损失的，应当承担赔偿责任。

第一千一百六十五条 行为人因过错侵害他人民事权益造成损害的，应当承担侵权责任。

第一千一百七十三条 被侵权人对同一损害的发生或者扩大有过错的，可以减轻侵权人的责任。

2.《最高人民法院关于审理人身损害赔偿案件适用法律若干问题的解释》

第十四条 帮工人因帮工活动遭受人身损害的，被帮工人应当承担赔偿责任。

3.《供电监管办法》

第九条 电力监管机构对供电企业保障供电安全的情况实施监管。

供电企业应当坚持安全第一、预防为主、综合治理的方针，遵守有关供电安全的法律、法规和规章，加强供电安全管理，建立、健全供电安全责任制度，完善安全供电条件，维护电力系统安全稳定运行，依法处置供电突发事件，保障电力稳定、可靠供应。

供电企业应当按照国家有关规定加强重要电力用户安全供电管理，指导重要电力用户配置和使用自备应急电源，建立自备应急电源基础档案数据库。

供电企业发现用电设施存在安全隐患，应当及时告知用户采取有效措施进行治理。用户应当按照国家有关规定消除用电设施安全隐患。用电设施存在严重威胁电力系统安全运行和人身安全的隐患，用户拒不治理的，供电企业可以按照国家有关规定对该用户中止供电。

4.《供电营业规则》

第五十条 供电设施的运行维护管理范围，按照产权归属确定。产权归属不明确的，责任分界点按照下列各项确定：

（一）公用低压线路供电的，以电能表前的供电接户线用户端最后支持物为分界点，支持物属供电企业；

（二）10（6、20）千伏以下公用高压线路供电的，以用户厂界外或配电室前的第一断路器或第一支持物为分界点，第一断路器或第一支持物属供电企业；

（三）35千伏以上公用高压线路供电的，以用户厂界外或用户变电站外第一基电杆为分界点，第一基电杆属供电企业；

（四）采用电缆供电的，本着便于维护管理的原则，分界点由供电企业与用户

协商确定;

（五）产权属于用户且由用户运行维护的线路，以公用线路分支杆或专用线路接引的公用变电站外第一基电杆为分界点，专用线路第一基电杆属用户。

在电气上的具体分界点，由供用双方协商确定。

第五十四条 供电设施产权所有者对在供电设施上发生的事故承担法律责任，但法律法规另有规定的除外。

（作者：黄 津）

14. 私拉乱接致触电　用户过错责自担
—— 张×诉供电公司触电人身损害责任纠纷案

一、 案情简介

村民张×，从其照明用电能表箱下户线处，私自接入 380V 电源，对自家农田抽水灌溉。因其接入的 380V 电线漏电导致张×的右手严重烧伤，后被鉴定机构确定为十级伤残。张×认为，作为提供乡村供电服务的供电公司应当提供符合安全规范的供电服务，但供电方提供的电力线路及设备不符合安全规范，在遇到严重短路事故时，未能及时切断电路，造成侵权事故，应当承担相应的侵权责任，要求赔偿损失 73430.65 元。

二、 审理过程

（一） 一审情况

一审法院经审理认为，本案系低压电致人伤害事故赔偿纠纷，属一般侵权责任纠纷，应适用一般举证规则和过错原则处理。张×系完全民事行为能力人，其在未向供电公司申请办理临时用电手续的情况下，私拉乱接照明线路从事农业生产且在操作中未尽合理谨慎安全注意义务，没有采取必要的保护措施，致使发生触电事故，对事故的发生具有重大过错，应当承担全部责任。供电公司对于本案损害结果的发生没有过错，不应当承担全部责任。张×未能提交相关专业的、科学的、有效的证据证明被告所提供的供电服务不符合安全规范，仅以剩余电流动作保护器（漏电保护器）没有跳闸即推定被告有过错，对自己的主张缺乏相关证据证明，判决驳回张×的诉讼请求，供电公司不承担民事赔偿责任。

（二） 二审情况

原告不服一审判决，提起上诉。

二审法院经审理认为，张×在未安装漏电短路保护装置及切断电源的情况下，违规操作架设抽水线路，是造成其触电受伤的原因，况且发生触电的用电设备及电力线路产权均属其自己所有，其与供电公司之间系供用电合同关系，不存在管理维护责任，故应由其自身承担责任。判决驳回上诉，维持原判。

三、 法律分析

（一） 按照电力设施产权归属划分管理维护责任和事故责任

根据原《供电营业规则》第四十七条"供电设施的运行维护管理范围，按照产权归属确定"的规定，案涉供电线路是张×私自从自家照明用电电能表箱以下临时接线。由此可知，案涉用电设备及电力线路产权的所有人为张×，不在供电公司的产权维护管理范围。根据原《供电营业规则》第五十一条"在供电设施上发生事故引起的法律责任，按供电设施产权归属确定，产权属于谁，谁就承担其拥有的供电设施上发生事故引起的法律责任"的规定，在张×产权的供电设施上发生触电事故，应由其承担法律责任。

（二）低压触电人身损害纠纷适用过错责任归责原则

本案系低压设备上发生的触电人身损害纠纷，根据相关法律规定应适用过错责任归责原则，谁有过错谁就应当承担责任。张×未经供电企业许可擅自接线，其本人也不具备电工资质且在操作中未尽合理谨慎安全注意义务，没有采取必要的保护措施，对事故的发生具有重大过错，应当承担全部责任。供电公司不是该漏电线路的所有人，也不是漏电线路的维护管理者，在本案中没有过错，不承担赔偿责任。

（三）用户家中线路人身触电并不会导致漏电总保护器和中级保护器跳闸

漏电保护器是剩余电流动作保护器的俗称。首先，根据《农村低压安全用电规程》（DL 493—2015）的规定，安装末级保护器是电力用户的义务，而非供电公司的责任。张×作为电力使用者，未按照规程规定安装末级保护器，违反了应尽的义务。其次，供电公司安装的总保护器、中级保护器和用电户安装的末级保护器的动作阈值和保护范围存在根本区别。张×因自接的电线漏电触电，该触电事故不属于总保护器和中级保护器的保护范围，故未做出动作。

（四）剩余电流动作保护器不能防止所有触电人身伤害类型

根据《农村电网剩余电流动作保护器安装运行规程》（DL/T 736—2021）第4.2规定，剩余电流末级保护安装用于用户受电端，其保护范围是防止用户内部绝缘破坏、发生人身间接接触等剩余电流所造成的事故，对直接接触触电，仅作为基本保护措施的附加保护。根据《农村低压安全用电规程》第五条第二款的规定"剩余电流动作保护器对被保护范围内相—相、相—零间引起的触电危险，保护器不起保护作用。"如果人体对地处于绝缘状态，触及两根相线或一根相线与一根中性线时，保护器并不会动作，即此时它起不到对人身的保护作用。因此，剩余电流动作保护器并不是保命器，并不能防止所有的触电人身伤害。

四、启示建议

（一）注重证据收集

在触电人身伤害案件处理过程中，可能存在触电现场证据缺失、无现场证人等情况，导致触电的原因确定容易偏差，因此要增强证据留存意识。触电事故发生后，要第一时间赶到现场，保护现场原貌并拍照或录像，做好证据留存。

（二）加强用电宣传

以供电所为单位向所辖区域下发关于剩余电流动作保护器的宣传材料，在全社会积极宣传用户安装末级保护器的重要性及剩余电流动作保护器不是在任何人身触电的情况下都起到保护作用等相关内容，让公众对剩余电流动作保护器有正确的认识。在"三夏"季节，下乡下村宣传安全用电，整治私拉乱接，宣传民众办理正常的用电申请手续并使用合格的电线，提高农村居民安全用电意识。

五、 相关法条

1.《民法典》

第一千一百六十五条 行为人因过错侵害他人民事权益造成损害的，应当承担侵权责任。依照法律规定推定行为人有过错，其不能证明自己没有过错的，应当承担侵权责任。

2.《中华人民共和国电力法》（以下简称《电力法》）

第六十条 因电力运行事故给用户或者第三人造成损害的，电力企业应当依法承担赔偿责任。电力运行事故由下列原因之一造成的，电力企业不承担赔偿责任：（一）不可抗力；（二）用户自身的过错。因用户或者第三人的过错给电力企业或者其他用户造成损害的，该用户或者第三人应当依法承担赔偿责任。

3.《农村低压安全用电规程》（DL 493—2015）

第五条 剩余电流动作保护是防止因低压电网剩余电流造成故障危害的有效技术措施，低压电网剩余电流保护一般采用剩余电流总保护（中级保护）和末级保护的多级保护方式。

a）剩余电流总保护和中级保护的范围是及时切除低压电网主干线路和分支线路上断线接地等产生较大剩余电流的故障。

b）剩余电流末级保护装于用户受电端，其保护的范围是防止用户内部绝缘破坏、发生人身间接接触触电等剩余电流所造成的事故，对直接接触触电，仅作为基本保护措施的附加保护。

剩余电流动作保护器对被保护范围内相—相、相—零间引起的触电危险，保护器不起保护作用。

4.《农村电网剩余电流动作保护器安装运行规程》（DL/T 736—2021）

4.2 剩余电流末级保护安装用于用户受电端，其保护范围是防止用户内部绝缘破坏、发生人身间接接触等剩余电流所造成的事故，对直接接触触电，仅作为基本保护措施的附加保护。

5. 原《供电营业规则》

第四十七条 供电设施的运行维护管理范围，按产权归属确定。责任分界点第一款，公用低压线路供电的，以供电接户线用户端最后支持物为分界点，支持物属供电企业。

第五十一条 在供电设施上发生事故引起的法律责任，按供电设施产权归属确定。产权归属于谁，谁就承担其拥有的供电设施上发生事故引起的法律责任。但产权所有者不承担受害者因违反安全或其他规章制度，擅自进入供电设施非安全区域内而发生事故引起的法律责任，以及在委托维护的供电设施上，因代理方维护不当所发生事故引起的法律责任。

（作者：张 琨）

15. 安全供电责任大　线路时刻要检查
—— 陈×等诉供电公司等触电人身损害纠纷案

一、案情简介

2018年8月24日，王×全（死者）与王×学、王×军、王×富4人，受A市住宅开发公司雇佣，在物流园工地清土，因工地挖掘机将临近工地路边的400V电缆挖断，导致王×全触电死亡。陈×双（死者之妻）、王×（死者之子）、王×臻（死者之女）诉至法院，要求供电公司、A市住宅建设公司承担死亡赔偿金等共计777589.3元。

经查，涉案400V电缆产权非供电公司所有。原告未将线路产权人列为被告，法院在判决中亦回避了线路产权主体问题，故未明确涉事线路产权人。

二、审理过程

（一）一审情况

一审法院经审理认为，本案侵权事故的形成是由本案被告供电公司、事故发生段电缆所有人、王×全三方共同导致发生的同一损害结果，本案应适用GB 50217—2007《电力工程电缆设计规范》第3.5.3条、第5.3.2、第5.3.3条，《电力设施保护条例》第十一条的规定。根据对各行为人的过错大小和致损害结果发生的原因力分析，酌定供电公司承担80％赔偿责任（即614385.84元，含精神抚慰金80000元），发生段电缆所有人承担15％的赔偿责任，王×全自担5％的损失责任。

（二）二审情况

供电公司不服，提起上诉，认为案涉电缆为400V低压，法院认定电缆深度与现实状况不符，存在事实认定不清；根据相关司法判例，对于非供电公司产权线路的人身触电案件，法院多认定供电公司因未做好安全用电巡查义务而应承担次要责任，该判决存在明显错误。

二审法院审理后认为，本案系低压电致人损害产生的触电人身损害赔偿纠纷，应当适用过错原则来确定各方当事人承担责任的比例，作为该事发路段的电缆所有人即施工雇佣方的A市住宅开发公司未尽到安全生产及安全管理责任，存在重大过错，应对王×全的损害后果承担主要责任。供电公司对案涉电缆未能尽到安全用电检查义务，存在一定的过错，应承担相应的责任，酌定供电公司承担30％的责任（即224244.69元）。王×全在施工作业中并无过错，不应承担责任。另外，因原告并未起诉该事发路段电缆所有权人，该部分损失由其自行承担。

三、法律分析

（一）供电公司是否应当对非自有产权线路承担事故责任

本案系低压线路致人损害产生的触电人身损害赔偿纠纷，应当适用过错责任原则来确定各方当事人责任。《电力供应与使用条例》第十七条、原《供电营业规则》第五十一条、《河南省供用电条例》第三十九条均明确规定，供电设施及线路的维护管理责任应归属于其产权人，并且触电事故责任应根据电力设施产权归属划分，触电事故发生在谁的产权设施上，谁就应当依法承担相应法律责任。故供电公司对于非自有产权线路不存在维护管理义务，也不存在对应安全责任。

施工单位未尽到安全生产及安全管理责任，应当与电缆所有人共同承担责任的。

（二）供电公司是否具有安全用电检查义务

二审法院在判决书的说理部分明确表示，电能具有高度危险性，作为电力使用者及供电企业均负有安全用电义务；作为事发区域实际供电人的供电公司负有依法开展安全用电检查的职责，对案涉电缆未能尽到安全用电检查义务，存在一定过错，亦应承担相应责任。对于这一裁判观点，结合众多人身触电类案件司法判例可知，裁判方对供电企业提出了高标准的安全供电义务。根据《电力法》第三十四条之安全用电的原则性规定，法院在具体的人身触电类案件中认定供电企业未尽安全供电义务亦非于法无依。

四、启示建议

根据本案一、二审判决可见，在司法实务中，法院对供电企业的供电安全保障义务要求要高于法定标准，对于这一高标准的审判尺度，供电企业应做好如下五点：

（1）在辖区内出现触电事件后，无论供电公司将来是否应当承担责任，都要派员尽快到达事发现场，进行录像拍照，保存相关证据，准确掌握第一手资料，避免因有利证据灭失，带来不必要的损失。

（2）对于隐蔽的供电线路、电缆，应当及时书面通知产权人设置明显的警示标识，同时应当及时巡查，发现警示标识有损毁的应及时书面告知产权人，要求及时维护，并妥善保存相关通知、告知的证据。

（3）对辖区内的线路及用电设施应及时巡查，发现安全隐患的，产权归公司的应及时整改排查隐患；产权归其他人的，应及时通知整改排除隐患，并妥善保存相关通知的证据。

（4）规范签署供用电合同并完善保存、管理措施，避免供用电合同未实际签署、合同签订不规范及合同原件管理不规范等情况发生。

（5）供电企业应按照国家标准或行业标准参与用户受送电装置设计图纸的审核、隐蔽工程施工过程监督、工程竣工后检验，供电企业应该保存好检查、验收资料，证明尽到检查、验收责任。

五、相关法条

1. 《电力法》

第三十四条 供电企业和用户应当遵守国家有关规定，采取有效措施，做好安全用电、节约用电和计划用电工作。

2. 《电力设施保护条例》

第十一条 县以上地方各级电力管理部门应采取以下措施，保护电力设施：（三）地下电缆铺设后，应设立永久性标志，并将地下电缆所在位置书面通知有关部门。

3. 《电力供应与使用条例》

第十七条 公用供电设施建成投产后，由供电单位统一维护管理。经电力管理部门批准，供电企业可以使用、改造、扩建该供电设施。共用供电设施的维护管理，由产权单位协商确定，产权单位可自行维护管理，也可以委托供电企业维护管理。用户专用的供电设施建成投产后，由用户维护管理或者委托供电企业维护管理。

第二十四条 供电企业应当按照国家标准或者电力行业标准参与用户受送电装置设计图纸的审核，对用户受送电装置隐蔽工程的施工过程实施监督，并在该受送电装置工程竣工后进行检验；检验合格的，方可投入使用。

4. 原《供电营业规则》

第五十一条 在供电设施上发生事故引起的法律责任，按供电设施产权归属确定。产权归属于谁，谁就承担其拥有的供电设施上发生事故引起的法律责任。但产权所有者不承担受害者因违反安全或其他规章制度，擅自进入供电设施非安全区域内而发生事故引起的法律责任，以及在委托维护的供电设施上，因代理方维护不当所发生事故引起的法律责任。

5. 《河南省供用电条例》

第三十九条 供电企业和用电人根据用电需求、电网发展专项规划和供电网络布局，协商确定电源接入点。电源接入点是供用电双方的产权分界点。供用电设施的运行维护管理范围及安全责任范围按照产权归属确定。供用电双方另有约定的，以约定为准。

（作者：张开宇　袁　景）

16. 安全供电责任广　用户漏保不能少
—— 杨×A诉供电公司等触电人身损害纠纷案

一、案情简介

2018年10月，侯×与供电公司签订低压供用电合同，用电类型为农业生产用电，用电地址为A村。2019年5月11日11时许，该村村民杨×（死者）安排同村人张×，通过在侯×表后位于该村东南角木质电线杆上安装的插卡通电取水装置，给自家田地浇水，浇完地收电线时发生触电死亡。杨×A（死者之父）、刘×（死者之母）将供电公司、某村委会、侯×、张×诉至法院，要求四被告赔偿共计1048043.63元。

经查，涉事线路系张×私自拉扯，线路电压为380V三相动力电。

二、审理过程

（一）一审情况

一审法院经审理认为，因本案中供电公司与侯×的供用电合同无侯×本人签字，故无法认定其对线路产权的约定，本案应适用《电力法》第二十四条及第三十四条之规定，被告供电公司依法负有对电力设施定期进行检修、管理和维护的工作职责，这是由电力作为一项由国家严格管控的特殊行业的性质所决定的。被告侯×、张×也负有对辖区内线路设施的安装、验收、检修、维护等法定管理职责，也应承担一定责任。最终一审法院认定本次事故损害金额为667482.3元，判定供电公司承担60%责任，侯×承担10%责任，张×承担10%责任，死者杨×因存在自身过错承担20%责任。

（二）二审情况

供电公司不服提起上诉，认为受害人疏忽大意、违章操作，是造成事故的主要原因，应当承担事故的主要责任；供电线路上发生事故的法律责任应按照供电设施产权归属划分，涉案主电能表的产权人是侯×，次电能表产权人是张×，二者都应对其电能表及表后线路做好维护管理，对于发生在其管理范围内线路处的触电事故应当承担法律责任。

二审法院经审理认为，供电公司对发生事故的供电线路虽不具有产权，但对该农村用电线路仍负有安全检查义务，并且本案发生事故的电能表也未安装漏电保护装置，故供电公司仍应承担相应责任。本案事故线路系张×架设，其利用涉案供电设施向村民售卖电卡，取得经济利益，也应承担相应责任。侯×系主表用电人，对主表供电线路负有管理、维护的责任，其未尽到管理义务应承担相应责任。本案受害人杨×系完全民事行为能力人，在其浇地用电时，应当预见电力设施的危险性，因其未尽安全注意义务，故应承担相应责任。判决供电公司承担50%责任，张×承担20%责任，侯×承担10%责任，死者杨×承担20%责任。

三、 法律分析

（一） 供电公司对非产权线路是否应承担安全检查义务

本案系低压人身触电案件，适用一般过错归责原则，依据原《供电营业规则》第五十一条"产权责任"的规定，供电公司不应承担责任。但根据原《电力法》第三十四条之安全用电的原则性规定，法院在具体的人身触电类案件中从安全用电监管义务认定供电企业责任并非无法可依。

（二） 供电公司是否应当安装末端漏电保护器

依据《农村低压安全用电规程》（DL 493—2015）第 4.2.2 条规定，用户应安装合格的末端漏电保护器。供电公司不具有安装义务和维护责任。但本案中，法官认为供电公司对电能表负有安装义务，提高了标准。

四、 启示建议

（1）规范签署供用电合同并完善保存、管理措施，避免供用电合同未实际签署、合同签订不规范及合同原件管理不规范等情况。

（2）在安全巡查工作中出具的整改通知单等要求用户签字并妥善保存管理，尽可能减免不必要的法律风险。

（3）在触电事故相对高发的农村地区，通过多种途径向用户宣传、提示、说明漏电保护器知识。

五、 相关法条

1.《农村低压安全用电规程》（DL 493—2015）

第 4.3.5 条　电力使用者的职责：必须安装防触、漏电的剩余电流动作保护器，并做好运行维护工作。

2. 原《供电营业规则》

第五十一条　在供电设施上发生事故引起的法律责任，按供电设施产权归属确定。产权归属于谁，谁就承担其拥有的供电设施上发生事故引起的法律责任。但产权所有者不承担受害者因违反安全或其他规章制度，擅自进入供电设施非安全区域内而发生事故引起的法律责任，以及在委托维护的供电设施上，因代理方维护不当所发生事故引起的法律责任。

（作者：卫　钢　张宗阳）

17. 私拉乱接产权明 供电企业责自清
—— 王×等四人诉供电公司、刘×触电人身损害纠纷案

一、 案情简介

2018 年 9 月 3 日下午 2 时左右，胡×驾驶货车行至 A 村路口时，刮断了刘×家中扯出的 220V 电线，胡×私自接线，触电死亡。经查，涉事线路产权属于刘×的儿子，事故发生时刘×家中安装的剩余电流动作保护器（漏电保护器）未发挥作用。后王×等四人（胡×亲属）与供电公司、刘×就赔偿事项未达成一致，于 2018 年 9 月 30 日起诉，要求供电公司和刘×承担 30 万元赔偿责任。

二、 审理过程

（一） 一审情况

一审法院经审理认为，被告刘×作为涉案电线的使用者、管理者，应当对损害后果承担赔偿责任；受害人缺乏安全防患意识，在明知具有一定危险性的情况下私自接电线，对自身的伤害存在一定过错，应承担主要责任；供电公司不是涉案线路的架设者，在触电事故中不存在过错。判决被告刘×承担 30％ 责任，受害人承担 70％ 的责任，供电公司不承担赔偿责任。

（二） 二审情况

原告和被告刘×均不服一审判决结果，提起上诉。

二审法院经审理认为，第一，涉案线路属于低压线路，根据原《最高人民法院关于审理触电人身损害赔偿案件若干问题的解释》相关规定，应当适用过错责任原则。王×等四人请求供电公司承担责任，应当就供电公司过错及过错与受害人死亡之间存在因果关系负证明责任。第二，原《供电营业规则》第五十一条规定："在供电设施上发生事故引起的法律责任，按供电设施产权归属确定"。供电公司将电能送至用户电能表，经计量后进入用电户线路，用电户应当对电能妥善管理、合理使用。本案线路产权不属于供电公司，也不在供电公司供用电能的合法范围。第三，根据《农村低压电力技术规程》《剩余电流动作保护器农村安装运行规程》相关规定，在末端安装防触、漏电保护器的义务应当归属于用户。故判决驳回上诉，维持原判。

三、 法律分析

（一） 供电设施产权问题

原《供电营业规则》第五十一条规定："在供电设施上发生事故引起的法律责任，按供电设施产权归属确定。产权归属于谁，谁就承担其拥有的供电设施上发生事故引起的法律责任"。本案中涉案线路产权不属于供电企业，供电公司不应承担责任。

（二） 用户安装剩余电流动作保护器的责任问题

《农村低压安全用电规程》（DL 493—2015）4.3.5 规定了电力使用者的职责中有"必须安装防触、漏电的剩余电流动作保护器，并做好运行维护工作。"因此，安装剩余电流动作保护器的责任在用户自身，本案原告及被告刘×主张供电企业应当按标准为用户安装隔离开关及剩余电流动作保护器不能成立。

（三） 供电企业免责问题

《民法典》第一千一百七十五条规定："损害是因第三人造成的，第三人应当承担侵权责任。"因刘×私拉乱接、受害人私自接线是导致触电事故发生的原因，供电公司不应承担责任。

四、 启示建议

（一） 加大涉电法律法规和安全用电相关规程的宣传

问题：在整个诉讼过程中，线路产权人坚持认为供电企业安装剩余电流动作保护器未发挥作用导致事故发生，原告和另一被告均认为供电公司应当承担责任。说明在群众心目中，凡涉电案件，作为电力经营者的供电公司均应承担一定责任的思想根深蒂固，反映出供电企业在日常电力安全防护宣传，特别是电力安全责任划分宣传工作仍有不足。

启示建议：供电企业应积极扭转群众对涉电案件责任承担的错误看法，强化用户电力线路设备产权划分意识，让广大用户了解产权划分对涉电事故责任划分的意义，维护供电企业良好社会形象。

（二） 强化群众日常安全用电宣传教育

问题：本案中被告刘×在未通知供电公司的情况下，私自从儿子家中扯线使用，导致案件发生后自身承担了一定责任。受害人在未联系电工及线路产权人的情况下私自接线，直接引发触电事故，不仅付出生命代价还被法院认定自行承担较高比例责任，教训深刻，反映出当前群众安全防范意识仍十分薄弱。

启示建议：供电企业应加大群众日常安全用电宣传教育，特别是基层农电安全用电教育，提高群众防患意识，对私拉乱接电线行为开展广泛教育，发现一起教育一起，下发安全用电隐患通知书。

五、 相关法条

1. 《民法典》

第一千一百六十五条 行为人因过错侵害他人民事权益造成损害的，应当承担侵权责任。

第一千一百七十三条 被侵权人对同一损害的发生或者扩大有过错的，可以减轻侵权人的责任。

第一千一百七十五条 损害是因第三人造成的，第三人应当承担侵权责任。

2.《民事诉讼法》

第六十七条 当事人对自己提出的主张，有责任提供证据。当事人及其诉讼代理人因客观原因不能自行收集的证据，或者人民法院认为审理案件需要的证据，人民法院应当调查收集。人民法院应当按照法定程序，全面地、客观地审查核实证据。

3. 原《供电营业规则》

第五十一条 在供电设施上发生事故引起的法律责任，按供电设施产权归属确定。产权归属于谁，谁就承担其拥有的供电设施上发生事故引起的法律责任。

4.《农村低压安全用电规程》（DL 493—2015）

第4.2.2 用户应安装合格的户用和末级剩余电流动作保护器，不得擅自解除、退出运行。

（作者：肖娈娈）

18. 漏保缺失产权清　供电公司责自明
—— 孟×等诉供电公司等触电人身损害纠纷案

一、案情简介

2015 年 6 月 15 日，县水利局将农田水利工程灌溉机井移交给 A 村民委员会管理使用。2018 年 5 月 9 日上午，李×（死者）经村电工授权到本村村南的承包地进行浇地时，不幸触碰到村委会所有的 380V 电力设备后死亡，孟×（死者之妻）等向县法院提起诉讼，要求供电公司、县水利局等四被告赔偿其各项损失共计 35 万元。

二、审理过程

（一）一审情况

一审法院经审理认为，根据《供电所安全管理办法》《国家电力公司农村电网供电可靠性管理办法（试行）》及《电力可靠性监督管理办法》规定，供电公司或供电所负有对辖区内用电设施及电网的安装、验收、检修、维护和安全运行等法定管理职责。本案供电公司应当确保电商品的安全性，但未能履行管理维护职责，没有派员巡查，致使缺失剩余电流动作保护器的设施非正常工作，行为存在重大过错，是引起触电事故的主要原因。因供电公司在某保险公司投有保险，故判决某保险公司承担赔偿责任，村委会承担补充连带赔偿责任。

（二）二审情况

二审法院经审理认为，原审未查明案涉电力设施的产权归属，认定基本事实不清，证据不足；原审原告未向村民委员会提起诉讼要求赔偿，被告县水利局申请追加村民委员会为被告违反法定程序，裁定发回某县人民法院重审。

（三）重审情况

重审法院经审理认为，根据《×县第五批小型农田水利高效节水灌溉试点工程移交证书》记载，设备产权接收方是某村民委员会，应当被认定为产权人。该村民委员会作为农田灌溉设施的所有权人，未能及时发现安全隐患，致使受害人触电死亡，承担全部赔偿责任。供电公司、县水利局非电力设施产权人，无义务维护该设施的安全运行，故不承担赔偿责任。

三、法律分析

（一）过错责任构成要件分析

依照《民法典》第一千一百六十五条之规定，按照过错责任原则，侵权责任的成立必须具备违法行为、损害事实、因果关系和主观过错四个要件，四者缺一不可。本案中损害事实和因果关系已经明确，关键在于明确何方实施了与损害结果之间具有因果关系的违法行为。

违法行为可以分为作为或不作为，本案中村委会作为案涉机井的设备产权人及维护管理人，理应对机井的规范使用、安全隐患处置等负有法定管理义务，因村民委员会的不作为，导致受害人触电，应当视为其实施了违法行为，并且直接导致了受害人的受损害后果，理应承担赔偿责任。

（二）剩余电流动作保护器安装及责任归责的分析

县法院原一审判决归责说理部分欠妥。首先，《供电所安全管理办法》为内部管理制度，并非法律法规，内部规章确定的义务非法定义务，不能作为侵权责任中违法行为的定性依据。其次，根据国家标准《剩余电流动作保护装置安装和运行》（GB/T 13955—2017）4.1条、《农村电网剩余电流动作保护器安装运行规程》（DL/T 736—2021）4.2条规定，剩余电流总保护和中级保护的范围是及时切除低压电网主干和分支线路上断线接地等产生较大剩余电流故障，末级保护的保护范围是防止发生人身间接接触触电等剩余电流所造成的事故，对直接接触触电，仅作为基本保护措施的附加防护。最后，《供电所安全管理办法》第5条明确规定了末级剩余电流动作保护器的安装职责在于农村用户而非供电公司。所以供电公司对机井设备的剩余电流动作保护器缺失无法认定作为义务，不构成违法行为，不应承担侵权赔偿责任。

四、 启示建议

1. 严格电力设施管理维护边界

原《供电营业规则》第五十一条规定，在供电设施上发生事故引起的法律责任，按供电设施产权归属确定。产权归属于谁，谁就承担供电设施引发的法律责任。要强化产权分界意识，签订供用电合同或农田机井设施移交时，明确约定供用电双方电力设施的产权分界点和电力设施运行、维护责任。属于公司产权的，要加强维护管理；不属于公司产权的，要由用户自行管理、维修维护；接受用户委托维护管理电力设施的，要签订书面协议，约定双方权利义务，避免法律风险。

2. 加强安全用电知识宣传

要加强用电安全知识宣传，尤其是要加强末级剩余电流动作保护器缺失的警示提醒，提高用户防触电意识。发现用户存在末级剩余电流动作保护器缺失风险时，可书面向用户发出风险提示，提醒其及时安装剩余电流动作保护器，减少触电人身伤亡事件发生。

五、 相关法条

1. 《民法典》

第一千一百六十五条：行为人因过错侵害他人民事权益造成损害的，应当承担侵权责任。

依照法律规定推定行为人有过错，其不能证明自己没有过错的，应当承担侵权责任。

2. 《农村低压安全用电规程》（DL 493—2015）

4.1.2 规定：农村用户应安装剩余电流动作保护器，未按要求安装使用的，供电企业有权依法中止供电。

3. 国家标准《剩余电流动作保护装置安装和运行》（GB/T 13955—2017）

4.1 规定：RCD 只作为直接接触电击事故基本防护措施的补充保护措施；

在直接接触电击事故的防护中，RCD 只作为直接接触电击事故基本防护措施的补充保护措施（不包括对相与相、相与 N 线间形成的直接接触电击事故的防护）。

用于直接接触电击事故防护时，应选用无延时的 RCD，其额定剩余动作电流不超过 30mA。

（作者：吴宇华　王雁杰）

19. 缺失漏电保护器　供电公司难免责

—— 黄×等诉供电公司触电人身损害责任纠纷案

一、案情简介

2019 年 8 月 7 日，受害人李×与原告黄×使用案外人黄×A 家中的低压 220V 电源，为其水稻浇水期间，黄×A 家中的入户电能表没有安装剩余电流动作保护设施，李×在移除电源插座时触电身亡。原告请求判令供电公司赔偿原告死亡赔偿金、丧葬费等各项损失共计 427040.05 元，并由被告承担案件的诉讼费用。

二、审理过程

法院认为，受害人李×与原告黄×作为完全民事行为能力人，农活用电应当聘请而没有聘请有资质的电工接装电源，而是自行接通和使用电源，在使用过程中未尽到小心谨慎、安全注意义务，未做到规范用电，而是私拉乱接，是导致事故发生的主要原因，存在主要过错，对事故应承担 70%的责任。被告供电公司具备专业用电安全知识，对用户入户电能表不安装防触电、漏电的剩余电流保护设施的危险性具有充分的知晓和预见能力，而其没有尽到安全教育和安全风险、危害提示义务，存在怠于提醒或不作为过错且该过错与发生损害的后果存在一定的因果关系，对事故应承担 15%的赔偿责任。案外人黄×A 承担 15%的赔偿责任，因原告黄×与黄×A 系父子关系，原告放弃对案外人黄×A 的赔偿责任，是其对自身诉权的处分，法院予以认可。最终判决被告供电公司赔偿原告黄×等各项损失 54676.93 元。

三、法律分析

（一）电力用户负责剩余电流动作保护器的安装和维护

《农村低压安全用电规程》（DL 493—2015）4.3.5 条关于剩余电流动作保护器的运行维护管理责任界定为：电力使用者必须安装防触漏电的剩余电流动作保护器，并做好运行维护工作。《农村电网剩余电流动作保护器安装运行规程》（DL/T 736—2021）6.3.1 规定："用户应安装户保：户保一般安装在进线上。"6.3.2 规定"户保和末端保护属于用户资产，应由用户出资安装、维护和管理。当用户产权分界点以下的户内线路出现剩余电流达到设定动作值时，户保或末端保护应及时切断电源"。从以上内容可看出，末级剩余电流动作保护器归用户所有，由用户负责安装和日常运行维护，供电公司没有安装末级剩余电流动作保护器的法定义务。

（二）低压触电所致损害适用过错归责原则

本案系典型的低压用户私拉乱接造成的人身触电事故，应适用过错归责原则，即有过错就有责任，无过错就无责任。受害人李×与原告黄×在日常用电过程中私自接装电源，未尽到小心谨慎、安全注意义务，本身存在过错，应承担主要责任。

（三）供电公司对用户资产内的风险有提醒和告知义务

《农村低压安全用电规程》（DL 493—2015）4.2.5 规定"电力企业应依法开展安全用电检查工作。"供电公司对于用户安全用电有检查和风险提示的义务。本案中，供电公司未进行风险告知，存在一定过错，承担了次要责任。在实际工作中，因剩余电流动作保护器缺失引起的法律案件纠纷，法院往往认为供电公司具备专业用电安全知识，对用户侧安全隐患没有尽到安全教育和风险提示义务，存在怠于提醒或不作为过错，判决供电公司承担一定的赔偿责任。

四、启示建议

（一）在供用电合同中明确剩余电流动作保护器的安装义务

部分居民供用电合同仅在安全用电条款中约定"提倡用电人安装符合国家标准的剩余电流保护器。"建议进一步明确剩余电流动作保护器的安装义务、产权归属和运行维护等条款，并在新签、补签供用电合同时提醒到位。

（二）规范履行电力安全用电检查工作

详细制订用电检查计划，全面排查用电检查范围内用户触电隐患风险点，认真做好缺陷隐患告知工作，及时通知客户整改，并提供必要的技术支持。加强与政府主管部门沟通协调，对用户侧隐患问题及时梳理汇总，定期函报政府主管部门，确保报备到位、防范风险，借助政府力量推进客户缺陷隐患整改工作，做到服务、通知、报告、督导"四到位"。

（三）利用合理途径履行告知义务

在每个台区位置明显的区域，如村委，设置可长久保存的告示牌，将剩余电流动作保护器的动作原理、安装义务、产权归属、定期试调等相关内容明示于告示牌上，穷尽供电公司的安全教育和风险提示手段，降低因剩余电流动作保护器问题引发的被诉风险。

五、相关法条

1.《民法典》

第一千一百六十五条　行为人因过错侵害他人民事权益造成损害的，应当承担侵权责任。依照法律规定推定行为人有过错，其不能证明自己没有过错的，应当承担侵权责任。

第一千一百七十三条　被侵权人对同一损害的发生或者扩大有过错的，可以减轻侵权人的责任。

第一千一百七十九条　侵害他人造成人身损害的，应当赔偿医疗费、护理费、交通费、营养费、住院伙食补助费等为治疗和康复支出的合理费用，以及因误工减少的收入。造成残疾的，还应当赔偿辅助器具费和残疾赔偿金；造成死亡的，还应当赔偿丧葬费和死亡赔偿金。

2.《农村低压安全用电规程》（DL 493—2015）

4.2.2 用户应安装合格的户用和末级剩余电流动作保护器，不得擅自解除、退出运行。

4.2.5 电力企业应依法开展安全用电检查工作。

3.《农村电网剩余电流动作保护器安装运行规程》（DL/T 736—2021）

6.3.1 用户应安装户保：户保一般安装在用户进线上。

6.3.2 户保和末级保护属于用户资产，应由用户出资安装、维护和管理。当用户产权分界点以下的线路出现剩余电流达到设定动作值时，户保或末端保护应及时切断电源。

（作者：康　敏　李　萌）

20. 巧定策略积极质证　非产权触电终免责

—— 王×等四原告诉市供电公司、夏×生命权、身体权、健康权纠纷案

一、案情简介

被告夏×系×村村民，以务农为生，其与被告供电公司于2018年10月8日签订《居民供用电合同》，申请农业用电专用于浇地，合同中约定了双方产权分界点及按产权划分日常管理维护责任，用户负责管理的电力设施出现故障时可以委托相关专业人员处理。随后，供电公司为夏×安装一块电能表并以380V低压供电，电能表下安装了夏×出资购买的剩余电流动作（漏电）保护器。后因剩余电流动作（漏电）保护器老化损坏，夏×将该剩余电流动作（漏电）保护器替换为空气开关并重新接电。

2023年8月8日，夏×的邻居路×向夏×请求第二天借用夏×的低压浇地电线给自己的农地浇水，并获得同意（等夏×自己浇完地后路×再借用）。8月9日上午，夏×在机井旁布置好浇地电线通电为自己浇地后离开现场。随后，路×到达机井处，在未与夏×沟通的前提下私自拆接电线，不幸触电身亡。

死者家属王×等四原告于9月7日以供电公司、夏×为被告向市法院提起诉讼，要求判决被告赔偿原告丧葬费、死亡赔偿金、精神抚慰金等各项损失45.62万元及诉讼费用。

二、审理过程

法院经公开审理后认为，本案中死者路×未按事先约好的时间使用夏×的电线且系在无电工资质、无防护措施情况下私自拆线带电作业时意外触电，严重违反电力作业流程，违规操作导致触电身亡，对事故发生具有重大过错，应当承担全部责任，据此作出判决，驳回原告王×等四原告的诉讼请求。上诉期内，各方均未申请上诉。

三、法律分析

（一）低压触电适用过错责任归责原则

本案是在380V低压线路上发生的触电事故，属于低压触电，应适用过错责任归责原则，即谁有过错谁就应当承担责任。法官确定的本案争议焦点即为供电公司、夏×在本次事故中有无过错问题。

（二）供电公司在本案中不存在过错

本案中，供电公司与夏×在《居民供用电合同》中明确约定了产权分界点及按产权划分日常管理维护责任，夏×是事发电力设施的产权人，其应负责涉案供电设施的运行维护和管理，而非由供电公司进行维护管理，因此供电公司在本案中无过错。

（三）被告夏×在本案中不存在过错

通过证据查明，被告夏×的电力设施无漏电情形，线路摆放也符合农村浇地通常情况且电能表下方安装有空气开关，正常操作不会发生触电事故。但本案中，路×为了浇地，未提前与被告夏×沟通，也未按事先和被告夏×商量好的时间使用且系在无电工资质、无防护措施情况下私自拆线带电作业，操作过程严重违反电力作业流程，属于未尽到谨慎注意义务违规操作才导致触电身亡，应对自身触电身亡承担全部过错。被告夏×同意待自己浇完地后将浇地线路出借给死者路×使用，系村民间互帮互助的善举，应得到弘扬和提倡，其也未收取报酬或从中获利，故夏×对本次事故没有过错，无需承担赔偿责任。如路×系因线路漏电触电身亡，则夏×作为产权人则有对自身线路管理不善，放任安全隐患事故的过错，需要承担赔偿责任。

（四）安装剩余电流动作（漏电）保护器属于用户义务

本案中，原告在诉讼中认为夏×未安装剩余电流动作（漏电）保护器是造成路×死亡的直接原因，夏×应当承担赔偿责任。根据《农村电网剩余电流动作保护器安装运行规程》第6.3条规定："农户必须安装户保（家保）：户保一般安装在用户进线上。"第6.3.1条规定："户保和末级保护属于用户资产，应由用户出资安装并承担维护、管理责任。"第6.3.2条规定："不设末级保护时，用户应选择快速动作型剩余电流动作保护器，并确保其正常投入运行，不得擅自解除或退出运行。"农户必须安装末级剩余电流动作（漏电）保护器（作为农户自有资产）并负责日常维护和管理，不得擅自解除或退出。本案中，夏×在其电能表下的剩余电流动作（漏电）保护器损坏后，未购置新的剩余电流动作（漏电）保护器，而是更换为不具有保护人身作用的空气开关，属于未尽到相关义务，确实存在一定的过错。法官虽认可剩余电流动作（漏电）保护器的安装是被告夏×的管理范围，但认为如果正常操作，只有空气开关也不会发生触电事故，且夏×并不知道路×私自拆线接电，因此死者路×对其触电死亡应承担全部责任。

（五）供电公司无用电监督检查权力

本案中，原告主张供电公司是地方安全用电检查监督管理部门，应当对用户的用电情况进行监督检查，因其未尽到安全用电检查监管义务导致触电事故发生，应当承担赔偿责任。依据《中华人民共和国电力法》和《供用电监督管理办法》的规定，电力管理部门依法对用户用电安全情况进行监督检查，而电力管理部门是县级以上地方人民政府经济综合主管部门，是政府机关，供电公司并没有对用户所有的线路及设备进行监督检查的行政权力。事实上，《用电检查管理办法》废止后，供电企业并无对用户用电情况进行检查的职责和义务，但实践中一些法官将"用电检查"理解为供电企业的职责，忽略了由于供电企业并无执法权，即使发现了用户用电设施存在隐患，也只能通过发"整改通知书""用电检查通知书"等予以制止，还有就是将隐患问题抄报电力主管部门和安全主管部门，并不能直接对其他产权人的电力设施进行整改，需要与法官做好沟通解释。

四、启示建议

（一）积极举证

供电公司立足客观事实和法律规定，在庭前做好充分准备：①及时查找事关争议焦点的相关法律法规依据，准备案件答辩意见，证明供电公司仅对自身产权范围内的电力设施具有运行维护管理责任，用户侧设施的运行维护由用户负责，用户侧电力设施上发生触电事故，相关法律责任应由用户负责；②积极举证，及时提交供电公司与夏×的《居民供用电合同》，说明供电公司仅与夏×存在供用电合同关系，不具备电力监管等行政职能。

（二）集合法律资源会商

在案件审理中，主审法官曾以《民法典》《电力法》《供电监管办法》等为依据，就涉及供电公司关于电力设施检修、用电检查权利与义务等条款进行摘录整理，要求我方逐一回复。为此，我方专门就本案组织业务部门、法律部门及外聘律师召开会商会，结合法律法规、规程的背景、时效及适用范围等多个维度逐一分析解释，围绕以下四个方面阐述：①案涉线路产权及运维责任应如何划分：供电公司仅对其产权范围内的电力设施具有运行维护管理责任，用户侧设施则由用户负责；②案涉法律责任应如何分配：低压用户产权范围内发生触电事故，相关法律责任应由产权人承担，与供电公司无关；③关于电力监管职责的归属：供电公司是国有企业，不具备电力监管等行政职能且与用户仅存在供用电合同关系；④用电检查范围及责任承担相关规定：用户应对其拥有产权的电力设施的用电安全负责，供电公司不承担因用户产权的线路设施不安全引发事故的赔偿责任。经过多次沟通，最终法官认可我方观点。

（三）农村地区浇地用电管理仍需规范

随着远程采集计量装置的普及运用，电采抄通率需达到100％，抗旱浇地用电方式已由临时用电转变为农排电价计量的正式用电。在这种方式下，浇地电能表是固定的，正式用电报装须由村委或受村委委托的个人申请报装，但部分地区还存在村组未统一管理灌溉机井及附属电力设施，抗旱浇地时存在个人申请低压用电报装但无法出具村委委托证明的情况。一旦发生触电事故，浇地电能表后段管理存在被解读为由供电公司委托管理的可能，法院也可能据此判决供电公司承担部分责任。

（四）强化用电报装资料管理及过程管控

一是在日常用电报装管理过程中，要严格按照报装流程开展，仔细审查报装申请材料，做好资料归档；二是对于抗旱浇地的低压用电报装，须严格审查村委或受村委委托的个人申请材料；三是供电公司须与村委签订《供用电合同》，进一步明确产权归属，避免因类似案件承担责任。

（五）深入开展依法安全用电宣传

在日常安全用电宣传过程中，一是要正确宣传末级剩余电流动作保护器的工作原理和适用范围，明确其安装于用户受电端，保护的范围是防止用户内部绝缘破坏、发生人身间接接触触电等剩余电流所造成的事故，对直接接触触电仅作为基本保护措施的附加保护，对相线与相线、相线与中性线间引起的触电危险不起保护作用，避免出现剩余电流动作（漏电）保护器"无用论"和"万能论"，积极引导用户安装及维护，提升安全用电意识；二是要培养用户的依法安全用电素养，树立按产权归属划分日常管理维护责任的基本概念，尤其注意引导用户形成委托专业人员维护自家电力设施的意识，最大限度避免因用户产权设施发生事故，导致供电公司被诉的情况；三是强化痕迹管理意识，注意做好安全用电专题宣传的记录。

五、 相关法条

1.《民法典》

第一千一百六十五条 行为人因过错侵害他人民事权益造成损害的，应当承担侵权责任。

2.《中华人民共和国电力法》

第六条 县级以上地方人民政府经济综合主管部门是本行政区域内的电力管理部门，负责电力事业的监督管理。县级以上地方人民政府有关部门在各自的职责范围内负责电力事业的监督管理。

第三十二条 用户用电不得危害供电、用电安全和扰乱供电、用电秩序。

第三十四条 供电企业和用户应当遵守国家有关规定，采取有效措施，做好安全用电、节约用电和计划用电工作。

第五十六条 电力管理部门依法对电力企业和用户执行电力法律、行政法规的情况进行监督检查。

第五十八条 电力监督检查人员进行监督检查时，有权向电力企业或者用户了解有关执行电力法律、行政法规的情况，查阅有关资料，并有权进入现场进行检查。电力企业和用户对执行监督检查任务的电力监督检查人员应当提供方便。

3.《供电营业规则》

第五十条 供电设施的运行维护管理范围，按照产权归属确定。产权归属不明确的，责任分界点按照下列各项确定：

（一）公用低压线路供电的，以电能表前的供电接户线用户端最后支持物为分界点，支持物属供电企业；

（二）10（6、20）千伏以下公用高压线路供电的，以用户厂界外或配电室前的第一断路器或第一支持物为分界点，第一断路器或第一支持物属供电企业；

（三）35 千伏以上公用高压线路供电的，以用户厂界外或用户变电站外第一基电杆为分界点，第一基电杆属供电企业；

（四）采用电缆供电的，本着便于维护管理的原则，分界点由供电企业与用户协商确定；

（五）产权属于用户且由用户运行维护的线路，以公用线路分支杆或专用线路接引的公用变电站外第一基电杆为分界点，专用线路第一基电杆属用户。

在电气上的具体分界点，由供用双方协商确定。

第五十四条 供电设施产权所有者对在供电设施上发生的事故承担法律责任，但法律法规另有规定的除外。

4.《河南省供用电条例》

第十四条 供电企业应当加强对用电人安全用电的指导，按照国家有关规定开展用电检查。

第三十九条 供电企业和用电人根据用电需求、电网发展专项规划和供电网络布局，协商确定电源接入点。电源接入点是供用电双方的产权分界点。供用电设施的运行维护管理范围及安全责任范围按照产权归属确定。

5.《供用电监督管理办法》

第五条 供用电监督管理的职责是：

1. 宣传、普及电力法律和行政法规知识；

2. 监督电力法律、行政法规和电力技术标准的执行；

3. 监督国家有关电力供应与使用政策、方针的执行；

4. 协调处理供用电纠纷，依法保护电力投资者、供应者与使用者的合法权益；

5. 协助司法机关查处电力供应与使用中发生的治安、刑事案件；

6. 依法查处电力违法行为，并作出行政处罚。

6.《农村电网剩余电流动作保护器安装运行规程》

第3.2条 安装在配电台区低压侧第一级剩余电流动作保护器，亦称总保。

第3.3条 安装在总保和户保之间的低压干线（分支线）的剩余电流动作保护器，亦称中保。

第3.4条 安装在用户进线处的剩余电流动作保护器，亦称家保。

第3.5条 用于保护单台电气设备（工器具）的剩余电流动作保护器。

第4.2条 剩余电流总保护和中级保护的范围是及时切除低压电网主干线路和分支线路上断线接地等产生较大剩余电流的故障。剩余电流末线保护安装于用户受电端，其保护的范围是防止用户内部绝缘破坏、发生人身间接触触电等剩余电流所造成的事故，对直接接触触电，仅作为基本保护措施的附加保护。剩余电流动作保护器对相与相、相与零间引起的触电危险不起保护作用。

第6.3条 农户必须安装户保（家保）：户保一般安装在用户进线上。

第6.3.1条 户保和末级保护属于用户资产，应由用户出资安装并承担维护、管理责任。户保的作用是：当用户产权分界点以下的户内线路出现剩余电流达到设定动作值时，能及时切断本户低压电源。

第 6.3.2 条　不设末级保护时，用户应选择快速动作型剩余电流动作保护器，并确保其正常投入运行，不得擅自解除或退出运行。

7.《剩余电流动作保护装置安装和运行》

第 4.1 条　在直接接触电击事故的防护中，RCD（即漏电保护）只作为直接接触电击事故基本防护措施的补充保护措施（不包括对相与相、相与 N 间形成的直接接触电击事故的保护）。用于直接接触电击事故防护时，应选用无延时的 RCD，其额定剩余动作电流不超过 30mA。

第 7.2 条　RCD（漏电保护）投入运行后，应定期操作试验按钮，检查其动作特性是否正常。雷击活动期和用电高峰期应增加试验次数。

8.《农村低压安全用电规程》（DL 493—2015）

第 4.1.2 条　农村用户应安装剩余电流动作保护器，未按规定要求安装使用的，供电企业有权依法中止供电。剩余电流动作保护器应符合 GB 26829 的要求。

第 4.2.2 条　用户应安装合格的用户和末级剩余电流动作保护电器，不得擅自解除、退出运行。

9.《供电监管办法》

第九条　供电企业发现用电设施存在安全隐患，应当及时告知用户采取有效措施进行治理。用户应当按照国家有关规定消除用电设施安全隐患。用电设施存在严重威胁电力系统安全运行和人身安全的隐患，用户拒不治理的，供电企业可以按照国家有关规定对该用户中止供电。

第十二条　供电企业应当对用户受电工程建设提供必要的业务咨询和技术标准咨询；对用户受电工程进行中间检查和竣工检验，应当执行国家有关标准；发现用户受电设施存在故障隐患时，应当及时一次性书面告知用户并指导其予以消除；发现用户受电设施存在严重威胁电力系统安全运行和人身安全的隐患时，应当指导其立即消除，在隐患消除前不得送电。

10.《电力安全生产监督管理办法》

第十一条　供电企业应当配合地方政府对电力用户安全用电提供技术指导。

（作者：王晓林　李梦悦）

第三章

财 产 损 害

21. 电气火灾看原因　举证不足责自担
—— 李×诉任×、供电公司财产损害赔偿纠纷案

一、案情简介

2015 年 12 月，李×租用任×位于 A 街的房屋，作为仓库使用。2016 年 8 月 14 日 20 时 10 分许，该房屋室内发生火灾。经市公安局新区分局消防科调查，认定起火部位为房屋外墙进线接口处，起火原因能够排除雷击、外来火源引发火灾，不能排除电气线路故障引发火灾。经评估本次火灾李×强财产损失 72560 元。2018 年 3 月 20 日，李×以出租屋缺乏必要安全条件及供电公司未在电能表处安装保护开关为由将房主任×、供电公司诉至法院，要求两被告赔偿其各项损失 72000 元。

二、审理过程

（一）一审情况

一审法院经审理认为：①事故经市公安局新区分局消防科调查认定起火原因能够排除雷击、外来火源引发火灾，不能排除电气线路故障引发火灾；②被告任×将自己的房屋出租给原告使用，对事故的发生没有明显过错，不应承担赔偿责任；③因供电公司未能举证以排除此次火灾非系其管理的电气线路故障引起，故应承担相应责任；④原告将租赁的房屋作为仓库使用，没有采取相应的消防安全措施也应承担相应责任。判决供电公司承担 50% 责任，原告自行承担 50% 责任。

（二）二审情况

供电公司不服一审判决，提起上诉，主要理由为：一般侵权的过错举证责任分配给供电公司，属于适用法律错误；一审判决认定供电公司对火灾发生存在过错没有事实依据；一审判决认定李×的火灾财产损失总额为 72650 元，没有事实依据。

二审法院经审理认为：①市公安局新区分局消防科调查结论中"不能排除电气线路故障引发火灾"，不足以认定是线路原因引起的火灾，更不能认定供电公司对事故发生具有责任；②本案系一般侵权案件，一审法院推定供电公司对事故的发生有过错，判决其承担责任没有法律依据；③原告未提交其他证据证明供电公司对火灾事故的发生有过错。二审撤销一审判决，判决驳回原告的诉讼请求。

三、法律分析

（一）低压产权分界点划分依据

依据产权归责原则，需按照供电设施的产权归属来确定供用电双方的维护管理及责任承担范围，因此无论高压还是低压电力设施造成的火灾事故，都应查明引起

火灾事故电力设施的产权归属或实际使用人。本案中，供电公司虽未能提供出《低压供用电合同》这一关键证据，但依据起火点位置位于电能表用户侧以下，并结合原《供电营业规则》第四十七条、第五十一条的相关规定证明了事故线路产权归用户方所有，最终获得了二审法院的认可，从而推翻了一审判决，获得了案件胜诉。

（二）低压电气火灾事故归责原则及举证责任

低压电气火灾事故系一般侵权案件，适用过错责任的归责原则以及谁主张、谁举证的举证责任分配原则，即原告对自己提出的主张，有责任提供证据证明被告对事故的发生有过错，否则就应承担因举证不能导致的不利后果。本案中，原告提供的消防部门出具的《火灾事故认定书》，作出了"起火原因不能排除电气线路故障引发火灾"的责任认定，但该认定并未明确导致火灾发生的原因就是电气线路故障，更没有明确是哪一方当事人产权下的电气线路，因此该证据并不能证明供电公司对事故的发生有过错，故原告应当承担举证不能导致的不利后果。

四、启示建议

（一）加强供用电合同管理

本案在未能提供《供用电合同》的情况下，虽依据《事故认定书》中关于起火点位置的认定以及《供电营业规则》第四十七条的规定证明了产权归属，但也暴露出在《供用电合同》管理中存在的问题：①开展供用电合同档案整改消缺专项行动，合同丢失的，及时与用电方补签；合同已到期的，及时与用电方续签；合同事项发生变化的，及时协商变更、修改或补充；②建议重点关注高压供用电合同中产权分界点的文字描述及图示，确保文字描述、图示与现场实际情况保持一致，文字描述及图示清晰、无歧义，避免争议和纠纷。

（二）做好火灾事故现场保护和证据留存

火灾发生时，所在辖区供电管理人员应当提高敏感性，在确保安全的情况下尽可能第一时间通过拍照、录像等方式，留存公司电气设备运行状况，并会同公司法务人员与消防部门做好沟通对接，避免因火灾现场灭失、消防人员仅根据受害人的现场描述作出不利于供电公司的事故认定。

五、相关法条

1.《民事诉讼法》

第六十七条　当事人对自己提出的主张，有责任提供证据。当事人及其诉讼代理人因客观原因不能自行收集的证据，或者人民法院认为审理案件需要的证据，人民法院应当调查收集。人民法院应当按照法定程序，全面地、客观地审查核实证据。

2.《民法典》

第一千一百六十五条　行为人因过错侵害他人民事权益造成损害的，应当承担侵权责任。

依照法律规定推定行为人有过错，其不能证明自己没有过错的，应当承担侵权责任。

第一千一百六十七条 侵权行为危及他人人身、财产安全的，被侵权人有权请求侵权人承担停止侵害、排除妨碍、消除危险等侵权责任。

第一千一百七十三条 被侵权人对同一损害的发生或者扩大有过错的，可以减轻侵权人的责任。

第一千一百八十四条 侵害他人财产的，财产损失按照损失发生时的市场价格或者其他合理方式计算。

3. 原《供电营业规则》

第四十七条 供电设施的运行维护管理范围，按产权归属确定。责任分界点按下列各项确定：1. 公用低压线路供电的，以供电接户线用户端最后支持物为分界点，支持物属供电企业。2. 10kV 及以下公用高压线路供电的，以用户厂界外或配电室前的第一断路器或第一支持物为分界点，第一断路器或第一支持物属供电企业。3. 35kV 及以上公用高压线路供电的，以用户厂界外或用户变电站外第一基电杆为分界点。第一基电杆属供电企业。4. 采用电缆供电的，本着便于维护管理的原则，分界点由供电企业与用户协商确定。5. 产权属于用户且由用户运行维护的线路，以公用线路分支杆或专用线路接引的公用变电站外第一基电杆为分界点，专用线路第一基电杆属用户。在电气上的具体分界点，由供用双方协商确定。

第五十一条 在供电设施上发生事故引起的法律责任，按供电设施产权归属确定。产权归属于谁，谁就承担其拥有的供电设施上发生事故引起的法律责任。但产权所有者不承担受害者因违反安全或其他规章制度，擅自进入供电设施非安全区域内而发生事故引起的法律责任，以及在委托维护的供电设施上，因代理方维护不当所发生事故引起的法律责任。

第六十一条 用户应定期进行电气设备和保护装置的检查、检修和试验，消除设备隐患，预防电气设备事故和误动作发生。用户电气设备危及人身和运行安全时，应立即检修。多路电源供电的用户应加装连锁装置，或按照供用电双方签订的协议进行调度操作。

4.《河南省供用电条例》

第三十九条 供电企业和用电人根据用电需求、电网发展专项规划和供电网络布局，协商确定电源接入点。电源接入点是供用电双方的产权分界点。

（作者：李梦悦 郑 岩）

22. 电力设施受损害　主诉索赔追补偿

—— 供电公司诉崔×交通事故损害赔偿纠纷案

一、 案情简介

2016 年 2 月 1 日 0 时 30 分许，崔×驾驶福田牌重型仓栅式货车沿省道 20102 公路由北向南行驶至 A 路段时，因操作不当，车辆失控，与公路东侧变压器及张× 家房屋相撞，造成属于供电公司产权的电线杆及配套设施等财产损害的事实，损失金额受损共计约 72000 元。县交警大队做出的《道路交通事故认定书》（×公交认字【2016】第 264 号）认定崔×负事故的全部责任。该事故经事发地供电所负责人与被告崔×投保的保险公司协商，对方仅同意向供电公司支付 1.5 万元赔偿金，协商无果后，供电公司将肇事者及其投保保险公司起诉至人民法院，要求赔偿相关损失。

二、 审理过程

（一） 一审情况

一审法院经审理认为，事故经市公安交警部门认定，崔×负此次事故的全部责任，认定并无不当，予以采信。由于肇事车辆在 B 公司投保有机动车交通事故责任强制保险和第三者责任险，根据《中华人民共和国道路交通安全法》（以下简称《道路交通安全法》）第七十六条的规定，供电公司的变压器损失，应当首先在交强险的财产限额 2000 元内予以赔偿。超出 2000 元部分，依据保险合同的约定，可在第三者责任险的赔偿限额内，按照肇事双方的责任划分予以赔偿。B 公司辩称对于供电公司的变压器损失应当免赔 20%，因没有提交相关免赔的证据，不予支持。经审核，供电公司的损失为：变压器损失 69500 元；评估费 2000 元，共计 71500 元。判决 B 公司在保险赔偿限额内赔偿供电公司变压器损失共计 66500 元；返还崔×为供电公司垫支的变压器损失 5000 元。

（二） 二审情况

B 公司不服，提起上诉，认为评估金额过高，但未提供评估结论存在依据明显不足或鉴定评估程序违法的证据。

二审法院经审理认为，B 公司上诉理由不能成立，判决驳回上诉，维持原判。

三、 法律分析

本案争议焦点主要是损失的赔偿范围、计算数额的争议。本案的被告保险公司对供电公司委托的安装公司出具的工程抢修结算书不认可，认为价格过高且该结算书是内部制作，并不能作为索赔有力依据，评估机构的选任应当由当事人协商选定，不能达成协议的，由法院指定。而供电公司通过出具充足的现场书证、正规的鉴定结论等证据，有效支撑诉讼请求，向法院证明了诉求的合法性、合理性。

四、 启示建议

由于车辆撞坏电力设施的事情频繁发生，对安全供电及高质量供电造成一定威胁，供电公司在路边电力设施设置警示标志尽可能避免类似事故的同时，也应依靠法律手段追回电力设施受损维修费用，最大限度维护供电企业合法权益。建议形成一套从抢修、报案、诉前准备、鉴定申请到庭审完善的诉讼流程：

（1）交通事故损坏电力设施事件发生后，第一时间报当地交警事故科，获取交通事故责任认定书及相关证明，以做好诉讼准备。

（2）搜集相关材料，避免材料收集不完善导致诉讼庭审被动。

（3）如需申请诉前鉴定，必须委托人民法院组织各被告共同选取鉴定机构，避免庭审时各方对鉴定机构、鉴定结果产生争议。

五、 相关法条

1.《民法典》

第一千一百八十四条 侵害他人财产的，财产损失按照损失发生时的市场价格或者其他合理方式计算。

2.《中华人民共和国保险法》（以下简称《保险法》）

第六十五条 保险人对责任保险的被保险人给第三者造成的损害，可以依照法律的规定或者合同的约定，直接向该第三者赔偿保险金。

责任保险的被保险人给第三者造成损害，被保险人对第三者应负的赔偿责任确定的，根据被保险人的请求，保险人应当直接向该第三者赔偿保险金。被保险人怠于请求的，第三者有权就其应获赔偿部分直接向保险人请求赔偿保险金。

责任保险的被保险人给第三者造成损害，被保险人未向该第三者赔偿的，保险人不得向被保险人赔偿保险金。

责任保险是指以被保险人对第三者依法应负的赔偿责任为保险标的的保险。

3.《道路交通安全法》

第七十六条 机动车发生交通事故造成人身伤亡、财产损失的，由保险公司在机动车第三者责任强制保险责任限额范围内予以赔偿；不足的部分，按照下列规定承担赔偿责任：

（一）机动车之间发生交通事故的，由有过错的一方承担赔偿责任；双方都有过错的，按照各自过错的比例分担责任。

（二）机动车与非机动车驾驶人、行人之间发生交通事故，非机动车驾驶人、行人没有过错的，由机动车一方承担赔偿责任；有证据证明非机动车驾驶人、行人有过错的，根据过错程度适当减轻机动车一方的赔偿责任；机动车一方没有过错的，承担不超过百分之十的赔偿责任。

交通事故的损失是由非机动车驾驶人、行人故意碰撞机动车造成的，机动车一方不承担赔偿责任。

4.《民事诉讼法》

第六十七条 当事人对自己提出的主张，有责任提供证据。

（作者：李宝生　王培超）

23. 合同保驾护航　公司不担责任

—— 石×诉供电公司等财产损害赔偿责任纠纷案

一、 案情简介

2017 年 3 月 12 日，220kV 鹤×线 260 号电线杆倒塌，将原告石×位于 A 村的蔬菜温室大棚及葡萄温室大棚砸坏。经法院委托 B 公司对原告的损失进行评估，原告财产损失价值为 68979 元，评估费 4000 元。原告将供电公司、区管委会列为共同被告诉至某法院，要求赔偿 72979 元。

经查，2013 年 6 月 16 日，因规划需对多条高压线路进行迁移改造。区管委会向供电公司发送《关于处理线路拆旧物资的联系函》，双方签订了《拆除旧电力线路物资处理协议》（以下简称《协议》），约定"新迁改线路区管委会投资，建成后无偿移交给供电公司，相应所拆除的旧线路物资由区管委会拍卖处置，处置收入归区管委会所得"。

二、 审理过程

（一） 一审情况

一审法院经审理认为，《协议》中明确约定"相应所拆除的旧线路物资由区管委会筹备组处置"，即只对拆除后旧线路的产权进行了约定，未对旧线路的拆除工作进行约定，故供电公司作为涉案电力线路设施的管理和维护主体，应对原告的损失承担民事赔偿责任。判决供电公司移除涉案电线杆，并赔偿原告石×损失 72979 元。

（二） 二审情况

供电公司不服一审判决提起上诉。二审法院经审理认为，根据《协议》，涉案废旧高压线路（电线杆）归区管委会所有，一审认定供电公司为废旧高压线路（电线杆）的管理和维护主体错误，应予纠正。判决撤销一审判决，改判供电公司不承担责任；区管委会就废旧高压线路倒塌给石×造成的损失承担赔偿责任，于判决生效后十日内移除 220kV 鹤×线 260 号电线杆，并赔偿石×损失 72979 元。

三、 法律分析

本案的争议焦点为砸坏原告石×蔬菜大棚的电线杆所有权问题以及赔偿责任主体的问题。

（一） 涉案电线杆所有权归属于区管委会

从《协议》中"新迁改…区管委会所得"和案涉《关于处理线路拆旧物资的联系函》可看出案涉电线杆属于应由区管委会处置的废旧物资，所有权归属于区管委会。

（二） 本案应由案涉所有权人承担赔偿责任

原《供电营业规则》第五十一条规定，在供电设施上发生事故引起的法律责任按供电设施的产权归属确定。产权归属于谁，谁就承担其拥有的供电设施上发生事故引起的法律责任。因此本案应由区管委会向原告承担赔偿责任。

四、 启示建议

合同作为双方当事人权利义务的协议，在我们日常的经营及商业活动中大量存在，不仅是当事人行使权利、履行义务的依据，也是纠纷发生后证明各自责任的有力证据。因此，签订格式规范、内容严密的合同具有极为重要的意义。

首先，建议供电公司完善对外签订的法律合同文本，结合项目实际签订符合法律规定且不违背社会公德的合同，确保合同内容规范、完整、细致、翔实，明确双方权利义务，切实维护供电公司的合法权益。

其次，建议供电公司强化供电公司干部员工证据收集意识，及时固定合同等证据材料并严格归档管理，为涉诉案件提供坚实的基础。

五、 相关法条

1.《中华人民共和国民法典》

第一百七十九条 承担民事责任的方式主要有：（一）停止侵害；（二）排除妨碍；（三）消除危险；（四）返还财产；（五）恢复原状；（六）修理、重作、更换；（七）继续履行；（八）赔偿损失；（九）支付违约金；（十）消除影响、恢复名誉；（十一）赔礼道歉。

第一千一百八十四条 侵犯他人财产的，财产损失按照损失发生时的市场价格或者其他合理方式计算。

第一千二百五十三条 建筑物、构筑物或者其他设施及其搁置物、悬挂物发生脱落、坠落造成他人损害，所有人、管理人或者使用人不能证明自己没有过错的，应当承担侵权责任。所有人、管理人或者使用人赔偿后，有其他责任人的，有权向其他责任人追偿。

2.《民事诉讼法》

第一百七十七条 第二审人民法院对上诉案件，经过审理，按照下列情形，分别处理：（二）原判决、裁定认定事实错误或者适用法律错误的，以判决、裁定方式依法改判、撤销或者变更。

（作者：李文君　李志立）

24. 保护区种树属违法 依法修剪不担责

—— 种植农民专业合作社诉供电公司侵权责任纠纷

一、 案情简介

供电公司 220kV××线于 2005 年正式投入运营。2016—2017 年间，原告种植农民专业合作社私自在该电力设施保护区♯19～♯24 塔内种植楸树林，被告供电公司发现后多次告知其安全隐患，要求其进行清理移栽，而原告始终置之不理。

2021 年，原告在卖树过程中因树木撞击到 220kV 高压线路，致使电力设备跳闸并受损。2021 年 7 月，因涉案树木距离高压线高度不能满足法律、法规要求的安全距离，被告对涉案楸树林进行了合理修剪。原告认为被告无权修剪其树木，被告的行为给自己造成了巨大经济损失，遂起诉至区人民法院，要求被告赔偿其林木损失费暂定 50000 元。

二、 审理过程

2021 年 10 月 26 日，原、被告双方前往区人民法院进行质证开庭。原告向法院申请对案涉被修剪树木进行司法鉴定。供电公司认为对涉案楸树的价值申请鉴定不属于人民法院应当委托鉴定的范围，遂向法院递交了《不同意原告申请司法鉴定的异议书》，但法院依旧同意了原告的鉴定申请。后由原、被告双方共同选定了鉴定机构。鉴定机构评估涉案被修剪的楸树林价值为 1143499 元，后原告据此鉴定结果修改诉讼请求，要求被告赔偿其林木损失费共计 1143499 元。

2022 年 7 月，供电公司向法院递交了反诉状，要求判令反诉被告种植农民专业合作社清除种植在 220kV××线♯19～♯24 塔电力线路保护区内的所有树木，并不得再在上述线路电力设施保护区范围内种植可能危及电力设施安全的植物。法院将原审案件与反诉案件合并审理。

法院认为，根据《电力法》《电力设施保护条例》等法律法规，任何单位和个人不得在电力设施保护区内修建可能危及电力设施安全的建筑物、构筑物，不得种植可能危及电力设施安全的树木、竹子或高秆植物，否则电力企业应依法予以修剪或砍伐。原告种植树木属于高秆植物，且在划定的电力设施保护区范围内，基于法律、行政法规规定，被告为保护辖区内电力线路安全运行而对案涉树木进行修剪，是依法履行职责的行为，其行为合法，原告要求被告赔偿损失于法无据，本院不予支持。另外，案涉树木已接近成材，如判决反诉被告清除种植的案涉树木，势必会给其造成重大经济损失，不符合公平原则，也不利于节约资源且清除成林树木需要得到林业主管部门的许可，故对反诉原告的反诉请求不予支持。

法院判决：①驳回原告（反诉被告）的诉讼请求；②驳回反诉原告（被告）的反诉请求。原、被告均未提起上诉。

三、 法律分析

（一） 供电公司修剪案涉楸树林的行为符合法律规定， 属于有法律依据的职务行为

根据《电力法》第五十三条第二款、《电力设施保护条例》第十六条、《电力设施保护条例实施细则》第十八条第一款规定，任何单位和个人不得在依法划定的电力设施保护区内修建可能危及电力设施安全的建筑物、构筑物，不得种植可能危及电力设施安全的树木、竹子或高秆植物，否则供电公司应当予以修剪或砍伐，并不予支付林木补偿费、林地补偿费、植被恢复费等任何费用。

2021 年 7 月，供电公司仅是对案涉楸树林进行了修剪，并未砍伐，修剪高度大部分为 3.4～4m，修剪宽度电线导线两边线 3.5m 左右。根据《电力设施保护条例》第十条规定的电力线路保护区范围，供电公司作为该电力线路的管理维护主体对案涉楸树林进行修剪，以避免由此发生的人身伤亡事故和电网故障，属于有法律依据的职务行为，是依法履行职责的行为，因此供电公司修剪案涉楸树林的行为合法。

（二） 供电公司修剪案涉楸树林的行为符合属地政府相关部门要求

根据 2021 年市人民政府办公室印发的《关于严禁在电力线路保护区内违规植树和建设施工的通知》（×政办电〔2021〕22 号）要求，"对电力线路保护区内现有苗圃及树木，各相关单位要利用新植、修剪树木的有利时机，抓紧完成移栽或者更换低矮树种。未按规定治理的，由辖区政府组织公安、供电等部门依据《××省供用电条例》规定强制砍伐，对砍伐树木不作任何赔偿。"该通知是市人民政府下达的行政强制砍伐命令，属于行政行为。因此，供电公司修剪案涉楸树林的行为符合属地政府相关部门要求，是配合政府对电力线路保护区内的树木进行治理的行为且修剪在合理范围之内，不应对原告进行任何赔偿。

四、 启示建议

（1） 书面正式报请政府有关部门责令砍伐。发现在电力设施保护区内种植或自然生长的植物危及电力设施安全的，应当留存相关证据，向政府有关部门汇报沟通、陈述可能产生的危害，书面正式报请政府有关部门责令砍伐。

（2） 依法依规砍伐。树障已危及电力设施安全，经报请当地政府有关部门责令砍伐且有明确意见要求的，按照其意见要求办理；其未予明确或者建议供电企业依法砍伐的，应当依据相关法律法规规定进行砍伐或修剪；需要办理林木采伐许可证等行政审批手续的，应当依法办理。砍伐或修剪因受阻确实难以实施的，应向人民法院提起排除妨害之诉，请求人民法院依法排除电网安全隐患；情况紧急的可以申请先予执行，请求法院裁定先行将已经危及电网安全的树障予以砍伐或修剪。

（3） 禁止破坏古树名木和珍贵树木及其生存的自然环境。

（4） 发生纠纷后及时化解避免遭受处罚。在紧急情况下进行应急处理产生纠纷，可能承担行政或刑事责任的，应当第一时间向当地政府、司法机关沟通汇报，做好解释和补救措施，将问题、风险消除在萌芽状态，避免行政、刑事处罚。

五、 相关法条

1.《电力法》

第五十三条 任何单位和个人不得在依法划定的电力设施保护区内修建可能危及电力设施安全的建筑物、构筑物，不得种植可能危及电力设施安全的植物，不得堆放可能危及电力设施安全的物品。

在依法划定电力设施保护区前已经种植的植物妨碍电力设施安全的，应当修剪或者砍伐。

2.《电力设施保护条例》

第十条 电力线路保护区：

（一）架空电力线路保护区：导线边线向外侧水平延伸并垂直于地面所形成的两平行面内的区域，在一般地区各级电压导线的边线延伸距离如下：

1－10 千伏	5 米
35－110 千伏	10 米
154－330 千伏	15 米
500 千伏	20 米

在厂矿、城镇等人口密集地区，架空电力线路保护区的区域可略小于上述规定。但各级电压导线边线延伸的距离，不应小于导线边线在最大计算弧垂及最大计算风偏后的水平距离和风偏后距建筑物的安全距离之和。

（二）电力电缆线路保护区：地下电缆为电缆线路地面标桩两侧各 0.75 米所形成的两平行线内的区域；海底电缆一般为线路两侧各 2 海里（港内为两侧各 100 米），江河电缆一般不小于线路两侧各 100 米（中、小河流一般不小于各 50 米）所形成的两平行线内的水域。

第十六条 任何单位或个人在电力电缆线路保护区内，必须遵守下列规定：

（一）不得在地下电缆保护区内堆放垃圾、矿渣、易燃物、易爆物，倾倒酸、碱、盐及其他有害化学物品，兴建建筑物、构筑物或种植树木、竹子；

（二）不得在海底电缆保护区内抛锚、拖锚；

（三）不得在江河电缆保护区内抛锚、拖锚、炸鱼、挖沙。

3.《电力设施保护条例实施细则》

第十八条 在依法划定的电力设施保护区内，任何单位和个人不得种植危及电力设施安全的树木、竹子或高秆植物。

电力企业对已划定的电力设施保护区域内新种植或自然生长的可能危及电力设施安全的树木、竹子，应当予以砍伐，并不予支付林木补偿费、林地补偿费、植被恢复费等任何费用。

4.《民事诉讼法》

第七十九条　当事人可以就查明事实的专门性问题向人民法院申请鉴定。当事人申请鉴定的，由双方当事人协商确定具备资格的鉴定人；协商不成的，由人民法院指定。

5.《最高人民法院关于人民法院民事诉讼中委托鉴定审查工作若干问题的规定》【法〔2020〕202 号】

第一条　严格审查拟鉴定事项是否属于查明案件事实的专门性问题，有下列情形之一的，人民法院不予委托鉴定："……（4）应当由当事人举证的非专门性问题……"

6.《关于严禁在电力线路保护区内违规植树和建设施工的通知》（×政办电〔2021〕22 号）

对电力线路保护区内现有苗圃及树木，各相关单位要利用新植、修剪树木的有利时机，抓紧完成移栽或者更换低矮树种。未按规定治理的，由辖区政府组织公安、供电等部门依据《××省供用电条例》规定强制砍伐，对砍伐树木不做任何赔偿。

（作者：贾　蓓）

25. 电气火灾影响广　诉中调解少担责
—— 李×诉农贸市场、唐×、供电公司财产损害赔偿纠纷案

一、案情简介

2021年6月9日，在农贸市场内，被告唐×承租经营的商铺最东侧发生火灾，造成原告李×、被告唐×在内的共7家商户财产损失。2021年8月20日，经消防救援大队认定，"起火原因可排除雷击、自燃、静电、外来火源等原因，不排除电气线路故障引起火灾"。经了解，起火地点是被告唐×租赁的位于农贸市场南区26、27号商铺内，与原告相邻的25号商铺系该市场内通道。同时，在起火地点的商铺里，同时存在三被告农贸市场、最先发生火灾的商户唐×及供电公司的电力线路。经原告申请财产评估，火灾造成原告直接经济损失5.76万元，7家商户经济损失数额合计26万元。原告李×遂向法院提起诉讼，要求三被告赔偿火灾造成的直接经济损失5.76万元、银行同期利息2000元，互负连带清偿责任并承担本案诉讼费。

经调查，确定供电公司为起火部分线路的产权人。因案涉火灾共导致包括第二被告唐×（最先发生火灾的商户）及原告李×在内共7家商户的财产损失，故本案处理模式对其他6家商铺后续的维权或诉讼有示范效果，须审慎应对。

二、裁判结果

供电公司与本案原告达成协议约定：对于本次火灾涉及的7家商户，供电公司和农贸市场各承担13万，原告李×撤回起诉。

三、法律分析

（一）涉电火灾事故按照产权归属划分责任

依据《供电营业规则》第五十四条的"产权归责"原则，本案属于涉电火灾事故，需按照供电设施的产权归属来确定供用电双方的维护管理及责任承担范围，即无论高压还是低压电力设施造成的火灾事故，都应查明引起火灾事故电力设施的产权归属或实际使用人。本案中，原告提供了消防部门出具的《火灾事故认定书》，作出了"不能排除电气线路故障引起火灾"的责任认定，该证据虽不能直接证明供电公司对事故的发生有过错，但结合对现场的勘查情况，发现起火部分线路产权人为供电公司。经全盘分析，认为随着案件审理的深入和原告证据的补充完善，法院最终能够确定导致火灾发生的电气线路产权人，故建议可以开展调解。

（二）一般侵权案件，供电公司因过错担责

依据《民法典》第一千一百六十五条，该低压火灾案系一般侵权案件，适用过错责任原则。本案中，因供电公司产权的线路老化引发火灾并导致多家商户损失，供电公司存在管理过错。结合前述案情分析，法院极有可能在查明案件事实

的基础上判决供电公司承担责任且其他几家商户也会根据生效判决发起同类主诉案件，因此通过调解一次性解决 7 起纠纷、降低经济损失数额是最优也是最经济的选择。

四、 启示建议

（一） 加强用电检查及供用电合同保管

本案中，依据《火灾事故认定书》及《供电营业规则》第五十条的规定，证明了产权归公司所有，建议供电公司相关部门及时组织开展安全用电检查，避免因公司产权内的电力设施或线路老化引发火灾或其他事故，最终承担损害赔偿责任。对于用户产权的设备或线路，供电公司应做好火灾预案，并加强供用电合同维护及档案管理工作，及在合同中对产权分界点作出明确约定，同时提醒用户对其产权内电力设施及安全用电应尽到合理、必要的注意义务。

（二） 积极参与火灾事故的认定

在消防部门对此类案件作出的《火灾事故认定书》中，往往描述起火原因为"不能排除电气线路故障引发火灾"。这本是对起火原因作出的推断，但法院在审判过程中可以并经常直接作为证据采用。面对此问题，建议供电公司加强与属地消防机构的沟通联系，并在发生火灾事故的第一时间到达现场搜集证据，尤其是所在辖区供电管理人员应当提高敏感性，在确保安全的情况下尽可能第一时间通过拍照、录像等方式，留存电气设备及线路运行状况，并会同公司法务人员与消防部门做好沟通对接，争取消防机构对事故原因作出客观真实、具体明确的认定，或至少避免因火灾现场灭失、消防人员仅根据受害人的现场描述作出不利于供电公司的认定结论。

五、 相关法条

1. 《民事诉讼法》

第六十七条　当事人对自己提出的主张，有责任提供证据。当事人及其诉讼代理人因客观原因不能自行收集的证据，或者人民法院认为审理案件需要的证据，人民法院应当调查收集。人民法院应当按照法定程序，全面地、客观地审查核实证据。

2. 《民法典》

第一千一百六十五条　行为人因过错侵害他人民事权益造成损害的，应当承担侵权责任。

依照法律规定推定行为人有过错，其不能证明自己没有过错的，应当承担侵权责任。

第一千一百六十七条　侵权行为危及他人人身、财产安全的，被侵权人有权请求侵权人承担停止侵害、排除妨碍、消除危险等侵权责任。

第一千一百八十四条　侵害他人财产的，财产损失按照损失发生时的市场价格或者其他合理方式计算。

3. 《供电营业规则》

第五十四条 供电设施产权所有者对在供电设施上发生的事故承担法律责任，但法律法规另有规定的除外。

4. 《河南省供用电条例》

第三十九条 供电企业和用电人根据用电需求、电网发展专项规划和供电网络布局，协商确定电源接入点。电源接入点是供用电双方的产权分界点。

（作者：李梦悦）

26. 修剪树木保安全 供电公司不担责

—— 史×诉供电公司财产损害赔偿责任纠纷案

一、 案情简介

原告史×在自家耕地上种植树木，2021 年 10 月，供电公司在工作巡查过程中发现原告的树木距离电力线路过近，对原告的树木进行了修剪处理。原告以供电公司对其树木造成损失为由，单方委托了鉴定机构对其损失进行了鉴定。2021 年 11 月 5 日评估公司出具结论意见书，认定损害树木 147 棵，树木市场价值 84980 元。原告以供电公司给其造成了经济损失为由，要求供电公司赔偿其损失的苗木款及评估费等共计 87980 元。

二、 审理过程

（一） 一审情况

一审法院经审理认为，可以认定供电公司在维护电力设施过程中对原告种植在其耕地内的树木进行了相应的处理，但是基于原告的诉求以及原告在庭审中提交的包括土地经营权证书、通话录音、鉴定报告等证据材料，不能证明供电公司的工作人员对原告树木的处理行为系故意侵害原告合法权益的行为，故原告提交的证据不足以证实供电公司对其树木的处理行为造成其 84980 元损失的事实，因此一审法院据此驳回原告的诉讼请求。

（二） 二审情况

史×不服一审判决提起上诉，二审法院经审理后认为，史×所种树木土地为其所承包的基本农田，不属于应当栽种树木的情形；该树木处于高压电力线路之下，随着树木的生长会违背国家有关电力设施安全标准，产生严重的安全隐患，供电公司为维护电力设施安全，对史×的树木进行修剪的行为符合《电力设施保护条例》第二十四条的规定，不应承担赔偿责任且本案不属于新建、改建或扩建电力设施砍伐树木的情形，也不存在补偿问题，因此，二审法院据此驳回当事人史×的上诉，维持一审判决。

三、 法律分析

本案的争议焦点为供电公司对其修剪史×树木的行为应否承担损害赔偿责任的问题。

（一） 供电公司的修剪行为具有法律正当性

本案的事实是当事人史×在自家耕地上种植的树木距离供电公司的电力线路安全距离过近，在此之前已经多次影响其所在地区的用电安全，为了线路的安全也为了在此后不影响线路区域内人民的正常用电，供电公司依据《电力设施保护条例》第二十四条的规定，对该区域内种植或自然生长可能危及电力设施安全的树木进行了修剪，供电公司在法律范围内行使其职权，是法律赋予供电公司的权利，具有法律正当性。

（二） 史×的证据不足以证实其主张且自身存在违法改变耕地用途行为

当事人史×在法院审理过程中提交了其土地承包经营权证书，该证书明确记载了土地性质为基本农田，法官据此也认为，史×在该土地上种植树木的行为本就是违法改变耕地用途，不属于应栽种树木的情形。因此，其主张的权利依据本身就是违法行为，因自身的违法行为导致的损失本不属于法律保护的范围。

四、 启示建议

（一） 供电公司应加强日常的巡视监管

本案的发生是供电公司及时发现群众所种树木影响到了电力设施的使用和安全，加之在案涉区域内发生多起电力事故，供电公司采取修剪的措施，为防止因相同原因造成更大的安全隐患，对于各辖区内要加强日常的巡视，对于发现的违法安全隐患及时上报并处理。

（二） 严格遵守法律的规定并准确实施

本案供电公司不承担赔偿责任除了对方当事人自身的原因，更重要的一点是供电公司严格执行法律规定，并在法律规定的权限内行使其权利，在实施法律行为时具有法律依据。因此，在日后的工作活动中严格遵守法律的规定，不越权不超权限行使，来维护公司的合法权益。

五、 相关法条

1.《电力设施保护条例》

第二十四条 新建、改建或扩建电力设施，需要损害农作物，砍伐树木、竹子，或拆迁建筑物及其他设施的，电力建设企业应按照国家有关规定给予一次性补偿；在依法划定的电力设施保护区内种植的或自然生长的可能危及电力设施安全的树木、竹子、电力企业应依法予以修剪或砍伐。

2.《供电营业规则》

第五十四条 供电设施产权所有者对在供电设施上发生的事故承担法律责任。但法律法规另有规定的除外。

（作者：李文君）

27. 电气火灾难确权 运维不力需担责

—— A 服饰店诉供电公司侵权责任纠纷案

一、 案情简介

原告 A 服饰店经营地点位于某小区门面房。2021 年 7 月 8 日 19 时 25 分，某小区 3 号楼东墙外侧电能表箱处因电气故障引发火灾事故，造成 A 服饰店空调外机受损，同时，火灾浓烟大量涌入 A 服饰店内，造成店内服饰、墙壁、吊顶等物品受到严重烟熏损害。为此，原告主张其如下损失：①店铺停业损失（半月，计 7800 元）；②店内清洁费 2800 元；③对受到烟熏的 389 件服装进行干洗（干洗费 5000 元）；④对受损的中央空调进行维修（3000 元）；⑤对店内受损的墙面、吊顶等重新装修、补漆（计 7500 元），共计 26100 元。A 服饰店认为，供电公司作为供电单位，未能履行对供电设施的巡查管理及安全供电义务，导致本次火灾发生，给原告造成巨大经济损失，应当予以赔偿。

二、 审理过程

（一） 一审情况

一审法院经审理认为，当事人对自己提出的诉讼请求所依据的事实，应当提供证据加以证明。原告 A 服饰店诉请被告供电公司对其 26100 元的经济损失承担侵权赔偿责任，仅提供现场照片、维修空调发票等证据证明其损失均系其自行计算且被告不予认可。原告应当提供具有鉴定资质的鉴定机构出具的鉴定意见加以证明其损失的具体数额及引起火灾的具体原因，原告的诉讼请求，法院不予支持，待原告有新的证据后可另行主张权利。

（二） 二审情况

A 服饰店不服一审判决，提起上诉。

主要理由为两点：①火灾事故认定书中已经明确记载起火位置为配电箱、起火原因为电气故障，而案涉配电箱的产权人及日常维护管理人为被上诉人供电公司，被上诉人作为供电单位，未履行对供电设施的日常巡查管理及安全供电义务，导致本次火灾事故发生，系直接侵权人；②案件诉讼标的额本身较小，从节约司法资源和各方诉讼成本的角度出发，即使上诉人在个别财产损失项目中未进行损失评估，司法裁判也可基于损失情形的客观存在而酌情认定损失金额，而不应单纯依赖"鉴定意见"或以未申请司法鉴定为由驳回上诉人的全部诉讼请求。

二审法院经审理认为：①根据原《供电营业规则》第四十七条规定"公用低压线路供电的，以供电接户线用户端最后电力设备为分界点，电力设备属供电企业。"依据消防救援大队出具的事故认定书及被上诉人认可的情况，案涉起火点位于电能表箱，依据该规定，责任应当属供电企业。被上诉人供电公司主张责任可能属电力设备之后的用户端，但未提交证据证明，本院不予认可；②本案火灾事故认定书中对上诉人服饰店内墙壁、吊顶和服装受烟熏的损害情况予以确认，上诉人就空调维修损失等进行举证，人民法院应当就现有证据进行裁判，综合本案空调维修、服装清洗以及现场清理等花费，本院酌定被上诉人应当支付的赔偿数额为 6000 元。

三、 法律分析

（一）低压产权分界点划分依据

依据产权归责原则，需按案涉供电设施的产权归属来确定供用电双方的运行维护管理及责任承担范围，因此，电力设施造成的火灾事故，应查明引起火灾事故电力设施的产权归属或实际使用人。本案中因消防队出具的火灾事故认定书中载明起火点位置位于电能表箱，法院认为电能表箱是供电公司安装且日常维护的，因此不认可供电公司提出的起火点位置产权人不明的答辩意见。

（二） 诉讼标的较小时， 损失是否需要鉴定确认

《最高人民法院关于民事诉讼证据的若干规定》第八十五条规定："人民法院应当以证据能够证明的案件事实为根据依法作出裁判。审判人员应当依照法定程序，全面、客观地审核证据，依据法律的规定，遵循法官职业道德，运用逻辑推理和日常生活经验，对证据有无证明力和证明力大小独立进行判断，并公开判断的理由和结果。"本案火灾事故认定书中对上诉人 A 服饰店内墙壁、吊顶和服装受烟熏的损害情况予以确认，上诉人就空调维修损失等进行举证，人民法院应当就现有证据进行裁判，综合本案空调维修、服装清洗以及现场清理等花费，法院可以酌定损失金额。

四、 启示建议

（一） 做好火灾事故现场保护和证据留存

火灾发生时，所在辖区供电管理人员应当提高敏感性，在确保安全的情况下尽可能第一时间通过拍照、录像等方式，留存公司电气设备运行状况，并会同公司法务人员与消防部门做好沟通对接，避免因火灾现场损毁、消防人员仅根据受害人的现场描述作出不利于供电公司的事故认定。对于重大的电气类火灾，要通过公证等手段及时做好现场证据保全工作。对于对己不利的火灾事故认定，及时向上级消防部门申请复核。

（二） 日常做好线路巡视和设备维护

加强对公司资产设备的巡视，对电能表箱及表箱内部线路定期检查并记录检查情况。同时，日常工作中若发现用户电力设施存在安全隐患，应第一时间告知提醒，要求用户限期整改，并通过书面送达签收、录音录像等方式固定告知提醒的证据。用户拒绝整改的，可根据安全风险情况，采取技防措施消除隐患风险，或在采取临时防护措施后请求应急管理等政府部门介入处理。

（三） 持续提升全社会安全用电意识

要持续开展面向社会公众的安全用电宣传，推动用户及时消除归其所有或者维

护管理的电力设施的安全隐患，规范安装末级剩余电流动作（漏电）保护器并定期试验，引导用户避免擅自接引电源，尤其不能绕过剩余电流动作（漏电）保护器接电，从而实现有序安全用电。

五、相关法条

1. 《民事诉讼法》

第六十七条 当事人对自己提出的主张，有责任提供证据。当事人及其诉讼代理人因客观原因不能自行收集的证据，或者人民法院认为审理案件需要的证据，人民法院应当调查收集。人民法院应当按照法定程序，全面地、客观地审查核实证据。

2. 《民法典》

第一千一百六十五条 行为人因过错侵害他人民事权益造成损害的，应当承担侵权责任。

依照法律规定推定行为人有过错，其不能证明自己没有过错的，应当承担侵权责任。

第一千一百七十三条 被侵权人对同一损害的发生或者扩大有过错的，可以减轻侵权人的责任。

第一千一百八十四条 侵害他人财产的，财产损失按照损失发生时的市场价格或者其他合理方式计算。

3. 原《供电营业规则》

第四十七条 供电设施的运行维护管理范围，按产权归属确定。责任分界点按下列各项确定：

1）公用低压线路供电的，以供电接户线用户端最后电力设备为分界点，电力设备属供电企业。

2）10千伏及以下公用高压线路供电的，以用户厂界外或配电室前的第一断路器或第一电力设备为分界点，第一断路器或第一电力设备属供电企业。

3）35千伏及以上公用高压线路供电的，以用户厂界外或用户变电站外第一基电杆为分界点。第一基电杆属供电企业。

4）采用电缆供电的，本着便于维护管理的原则，分界点由供电企业与用户协商确定。

5）产权属于用户且由用户运行维护的线路，以公用线路分支杆或专用线路接引的公用变电站外第一基电杆为分界点，专用线路第一基电杆属用户。在电气上的具体分界点，由供用双方协商确定。

第五十一条 在供电设施上发生事故引起的法律责任，按供电设施产权归属确定。产权归属于谁，谁就承担其拥有的供电设施上发生事故引起的法律责任。但产权所有者不承担受害者因违反安全或其他规章制度，擅自进入供电设施非安全区域内而发生事故引起的法律责任，以及在委托维护的供电设施上，因代理方维护不当所发生事故引起的法律责任。

4.《最高人民法院关于民事诉讼证据的若干规定》

第八十五条人民法院应当以证据能够证明的案件事实为根据依法作出裁判。审判人员应当依照法定程序，全面、客观地审核证据，依据法律的规定，遵循法官职业道德，运用逻辑推理和日常生活经验，对证据有无证明力和证明力大小独立进行判断，并公开判断的理由和结果。

（作者：刘德智　刘欣阳）

28. 产权分界要清晰　电气火灾免担责
—— A 合作社诉 B 公司、供电公司财产损害赔偿纠纷案

一、案情简介

A 合作社 2016 年 9 月与×村民组村民签订数份土地租赁合同，租赁该村民组村民土地，租赁期限为 2016 年 9 月 20 日至 2031 年 9 月 20 日止，并于 2016 年在该土地种植玫瑰。2022 年 6 月 20 日 14 时左右，位于××镇×路口北 100m 左右电变压器着火，导致玫瑰苗木被焚烧，该变压器为 B 公司所有。2022 年 7 月 8 日 A 合作社将 B 公司、供电公司起诉至法院，要求两被告赔偿损失暂定 961400 元。

二、审理过程

（一）一审情况

一审过程中，被告 B 公司申请追加 C 电力工程公司为共同被告，原告 A 合作社申请财产损失鉴定。经鉴定火灾前该批玫瑰花木在评估基准日的市场价值为人民币 262600 元。

一审法院经审理认为，经调取监控摄像头可知，火灾是由涉案变压器打火，火球掉落引起：①被告 B 公司与被告供电公司签订的《高压供用电合同》，能够认定该变压器设施产权属于 B 公司，故 B 公司应承担 70％赔偿责任；②原告将案涉苗木种植到了电力设施保护区内，未依法预留安全距离，也是导致火灾蔓延发生的重要原因，其自身应承担 30％责任；③供电公司不是变压器的产权人，不承担赔偿责任；④被告 B 公司与被告 C 电力工程公司虽签订有线路维护协议，但此系二者内部关系，与原告无关，B 公司可待赔偿后，另行向 C 电力工程公司主张权利。

（二）二审情况

A 合作社与 B 公司均不服一审判决，提起上诉。二审法院经审理认为，一审判决认定事实清楚，适用法律正确，故判决驳回上诉，维持原判。

三、法律分析

（一）涉案电力设施的产权认定

供电公司与被告 B 公司签署的《高压供用电合同》明确约定"7.1 供用电设施产权分界点为：110 千伏变电站 10 千伏阿深高速间隔馈线柜负荷侧接线端子处为产权分界点。以下负荷侧（含线夹）属于用电人负责运行维护管理。"同时根据原《供电营业规则》第四十七条也有相关产权归属规定。综上，不管是根据合同约定还是法律规定，涉案变压器的所有权人为 B 公司，供电公司不是涉案变压器的产权人。

（二）供电公司是否对涉案电力设施承担管理维护义务

供电公司与被告 B 公司签署的《高压供用电合同》明确约定"7.2 供用电设施

的运行维护管理及责任认定按以下方式确认：双方依本合同 7.1 条约定的分界点电源侧产权属供电人，分界点负荷侧产权属用电人。双方各自承担其产权范围内供用电设施的运行维护管理责任，并承担各自产权范围内供用电设施上发生事故等引起的法律责任。"根据原《供电营业规则》第五十一条规定，B 公司作为涉案变压器的产权人，对涉案变压器承担着管理维护义务，同时也应承担该变压器上发生事故引起的法律责任。供电公司既不是涉案变压器的产权人也不是管理人，因此对由该变压器打火引发火灾造成的原告的财产损失没有赔偿责任。

四、 启示建议

本案中供电公司之所以能够免责，最关键的一点在于火灾事故的起火点所涉电力设施产权人并非供电公司，供电公司对此也没有管理维护的职责和义务。《供用电合同》在电力设施产权认定上至关重要，这也进一步提醒了供电公司在日常工作中，应加强对《供用电合同》的管理，合同要做到产权分界点清晰，权利义务约定明确；同时供电公司还应进一步加强安全用电宣传，提高民众安全用电意识。

五、 相关法条

1.《民事诉讼法》

第六十七条　当事人对自己提出的主张，有责任提供证据。当事人及其诉讼代理人因客观原因不能自行收集的证据，或者人民法院认为审理案件需要的证据，人民法院应当调查收集。人民法院应当按照法定程序，全面地、客观地审查核实证据。

2.《民法典》

第一千一百六十五条　行为人因过错侵害他人民事权益造成损害的，应当承担侵权责任。

依照法律规定推定行为人有过错，其不能证明自己没有过错的，应当承担侵权责任。

第一千一百七十三条　被侵权人对同一损害的发生或者扩大有过错的，可以减轻侵权人的责任。

3. 原《供电营业规则》

第四十七条　供电设施的运行维护管理范围，按产权归属确定。责任分界点按下列各项确定：

1. 公用低压线路供电的，以供电接户线用户端最后支持物为分界点，支持物属供电企业。

2. 10 千伏及以下公用高压线路供电的，以用户厂界外或配电室前的第一断路器或第一支持物为分界点，第一断路器或第一支持物属供电企业。

3. 35 千伏及以上公用高压线路供电的，以用户厂界外或用户变电站外第一基电杆为分界点。第一基电杆属供电企业。

4. 采用电缆供电的，本着便于维护管理的原则，分界点由供电企业与用户协商确定。

5. 产权属于用户且由用户运行维护的线路，以公用线路分支杆或专用线路接引的公用变电站外第一基电杆为分界点，专用线路第一基电杆属用户。在电气上的具体分界点，由供用双方协商确定。

第五十一条 在供电设施上发生事故引起的法律责任，按供电设施产权归属确定。产权归属于谁，谁就承担其拥有的供电设施上发生事故引起的法律责任。但产权所有者不承担受害者因违反安全或其他规章制度，擅自进入供电设施非安全区域内而发生事故引起的法律责任，以及在委托维护的供电设施上，因代理方维护不当所发生事故引起的法律责任。

（作者：康　敏　尹刘军）

29. 不当施工损房屋　主诉维权挽损失

—— 供电公司诉 A 公司、B 公司侵权责任纠纷案

一、 案情简介

2019 年 1 月 10 日，A 公司取得坐落于×区路北、路南的不动产权证书；2019 年 8 月份，A 公司取得了该块土地的建设用地许可证，于 2020 年取得了建设工程规划许可证、建筑工程施工许可证，项目名称为 C 小区。B 公司系 C 小区项目的施工单位。该块土地西面与供电公司××供电所相邻。

2019 年 10 月，A 公司与 B 公司在进行基坑土方工程施工过程中，紧邻供电所的墙体、地面出现多处裂痕并呈逐步扩大趋势。供电公司出于安全考虑，立即组织员工搬离该办公区域，并将供电所内接待群众办理用电手续的营业窗口更换服务场所。

因 A 公司与 B 公司无序、野蛮施工，给供电所的地基、建筑物、构筑物及其附属设施，以及变电站站内设施等造成严重破坏和安全隐患，已给供电公司造成重大经济损害。经与 A 公司、B 公司多次调解无效，供电公司作为原告，以 A 公司、B 公司作为被告，诉至法院。要求两被告立即停止 C 小区商品房建设施工行为、立即消除对供电所造成的安全危险、赔偿对供电所造成损害的损失、赔偿供电所迁移办公地址的租金损失。

二、 审理过程

（一） 一审情况

一审法院认为，A 公司在 C 小区项目施工过程中，危及供电公司供电所办公楼安全，应承担相应民事责任，判决 A 公司立即消除对原告供电公司供电所造成的安全危险，并于判决生效后 30 日内将供电所办公楼恢复原状；A 公司按年租金 56000 元的标准赔偿供电公司从 2019 年 10 月 21 日至办公楼恢复原状期间的租金损失；A 公司在安全隐患发生后，已对其施工的基坑边缘进行了加固处理，供电公司要求其停止施工行为的诉讼请求，法院不予支持，B 公司并非 9 号楼基坑土方工程的施工人，供电公司要求其承担侵权责任的理由不足，不予支持。

（二） 二审情况

原告供电公司与被告 A 公司均提出上诉，二审法院认为，一审违反法定程序，撤销原判发回重审。

（三） 重审一审情况

发回重审后，法院组织原被告对供电所内地基、建筑物、构筑物及其附属设施以及变电站站内设施安全性以及修复方案、加固修复费用进行鉴定。

2021 年 3 月 25 日，D 公司作出建筑工程质量鉴定意见书建议：对涉案建筑物

及构筑物进行修复加固处理，以保证其安全性及使用性。2021 年 4 月 D 公司出具了《供电所加固修复方案》。

2021 年 6 月 6 日，D 公司作出（2021）建造鉴字 61 - 1 号修复工程造价鉴定意见书：供电所内地基、建筑物、构筑物及其附属设施，以及变电站站内设施的加固修复费用为 600998.29 元。供电公司支出鉴定费 70000 元。

重审一审法院认为，A 公司在 C 小区项目施工过程中，造成供电所墙体、地面出现多处裂缝，危及建筑物及附属设施的安全，导致工作人员在该场所无法正常办公而不得不对外租赁办公场所，对此其应承担该侵权行为所产生的法律后果。对于供电公司修复费用的主张，法院认为，D 公司的鉴定意见显示，A 公司的施工行为造成供电所内地基、建筑物、构筑物及其附属设施以及变电站站内设施亟须进行加固处理，故对于加固修复费用 600998.2 元，要求 A 公司予以承担，并承担鉴定费 70000 元。在案涉房屋受到侵害无法正常办公后，供电所每年花费 61000 元另租场地办公，依法由 A 公司进行赔偿。B 公司并非案涉工程基坑、土方的施工人，未要求 B 公司承担责任。

最终重审一审法院判决：①A 公司于本判决生效之日二十日内支付原告供电公司加固修复费 600998.29 元；②A 公司按年租金 61000 元的标准赔偿原告供电公司损失（从 2019 年 10 月 21 日至第一条履行完毕之日）；③被告 A 公司于本判决生效之日二十日内支付原告供电公司鉴定费 70000 元。

（四）重审二审情况

被告 A 公司提出上诉，认为：①供电公司供电所墙体地面出现的多处裂缝等问题与其施工之间不存在因果关系；②一审鉴定意见不能作为认定案件事实的依据，D 公司不具有司法鉴定资格。

二审法院认为，案涉楼房所出问题与 A 公司施工工地相邻，在 2019 年 10 月份 9 号楼基坑土方工程施工过程中，该楼房墙体、地面出现多处裂缝并且呈逐渐扩大趋势，该问题客观存在且经鉴定供电所内地基建筑物、构筑物及其附属设施存在不同级别的安全性问题亟需进行加固处理，该问题的集中出现除 A 公司的地基施工外，未发现其他能使问题集中出现的相关因素。重审一审的鉴定单位及鉴定人均具备鉴定资质，鉴定内容及鉴定委托均是在一审法院委托下进行，鉴定的初步意见也是在经过各方质证后才出具鉴定结论，A 公司上诉认为原审审判程序及鉴定程序违法的理由不能成立，法院不予采纳。最终判决驳回上诉，维持原判。

三、法律分析

（一）请求权依据

根据《民法典》第二百三十八条和一千一百六十七条规定，在本案中，A 公司未尽到安全注意义务，侵犯了供电公司物权，供电公司有权要求其停止侵害、排除妨害、消除危险、赔偿损失。

（二）侵权责任认定

根据《民法典》第二百九十五条之规定，供电公司案涉楼房所出问题与 A 公司 9 号楼施工工地相邻，在 2019 年 10 月份 9 号楼基坑土方工程施工过程中，该楼房墙体、地面出现多处裂缝并且呈逐渐扩大趋势，该问题客观存在，该问题的集中出现除 A 公司的地基施工外，未发现其他能使问题集中出现的相关因素。在 A 公司无法提供有效证据证明其与案涉楼房问题不存在因果关系的情况下，应承担侵权责任。

（三）侵权责任赔偿

根据《民法典》第一千一百六十五条的规定，重审一审法院认为，A 公司的施工行为造成供电所内地基、建筑物、构筑物及其附属设施以及变电站站内设施安全性分别为 Csu、bu 级和 du 级，亟须进行加固处理，故对于加固修复费用 600998.2 元，理应由 A 公司予以承担。在案涉房屋受到侵害无法正常办公后，供电所每年花费 61000 元另租场地办公，对该租金损失，理应由 A 公司进行赔偿。

四、启示建议

提高全员证据意识。根据《民事诉讼法》第六十七条规定，在发生侵权事件后，一是要第一时间赶赴现场进行证据收集，例如照片、视频等，必要时可以找公证部门对现场进行公证；二是要及时采取措施，减少损失的扩大；三是事后要将财产受损情况通过专业机构进行鉴定评估并出具报告，为后续受损价值诉求提供支撑。

五、相关法条

1.《民法典》

第二百三十八条 侵害物权，造成权利人损害的，权利人可以依法请求损害赔偿，也可以依法请求承担其他民事责任。

第二百九十五条 不动产权利人挖掘土地、建造建筑物、铺设管线以及安装设备等，不得危及相邻不动产的安全。

第一千一百六十五条 行为人因过错侵害他人民事权益造成损害的，应当承担侵权责任。

依照法律规定推定行为人有过错，其不能证明自己没有过错的，应当承担侵权责任。

第一千一百六十七条 侵权行为危及他人人身、财产安全的，被侵权人有权请求侵权人承担停止侵害、排除妨碍、消除危险等侵权责任。

2.《民事诉讼法》

第六十七条 当事人对自己提出的主张，有责任提供证据。

当事人及其诉讼代理人因客观原因不能自行收集的证据，或者人民法院认为审理案件需要的证据，人民法院应当调查收集。

人民法院应当按照法定程序，全面地、客观地审查核实证据。

（作者：张晓伟　武煜辉）

30. 线路产权厘清楚　供电公司免担责

—— A 轮胎批发行诉供电公司等财产损害赔偿纠纷案

一、 案情简介

2020 年 6 月 10 日下午，潘×驾驶自卸重型货车为 B 公司倾泻完石料，支臂未落情况下继续行驶，车厢顶部与高处的电线剐蹭导致电线起火，引发轮胎批发行仓库起火，造成存放的货物烧毁。

经查，原告 A 轮胎批发行、被告 B 公司均租赁 C 油脂公司厂房从事经营活动。供电公司与 C 油脂公司 2014 年签订了《高压供用电合同》。涉案 400V 线路为被告 B 公司为了方便生产经营在 2018 年架设的，对地垂直距离 7m，仓库高 6.6m。2020 年 7 月，A 轮胎批发行将供电公司等诉至法院，要求赔偿各项损失共计 240 余万元。2022 年 1 月经一审判决后，二审法院以事实不清发回重审，一审法院重审认定该案涉刑事犯罪，裁定移送公安机关刑事处理。刑事处理完后，2022 年 5 月原告再次将供电公司等诉至法院，要求赔偿各项损失共计 240 余万元。

二、 审理过程

（一） 一审情况

一审法院经审理认为，供电公司作为电力商品的经营者，对电力使用是否具备基本的安全用电条件负有提醒、管理义务。供电公司在 B 公司架设的线路存在违规的情况下，未履行检查及告知义务，未及时排除用户安全隐患，未尽到法定的注意义务，对于火灾事故存在不作为的过错，对火灾的发生也有一定原因力，酌定对原告的损失承担 10% 的赔偿责任，即 217009.99 元。

（二） 二审情况

供电公司不服向市中院提起上诉，上诉理由主要为涉案线路的产权人并非供电公司，涉案线路在产权分界点以下。供电公司与 B 公司不存在供用电关系，B 公司不需要向供电公司申请用电。一审法院认定事实错误，无限放大供电公司责任范围，上诉人不应当承担赔偿责任。

二审法院经审理认为，涉案事故发生地点产权人为 C 油脂公司，电能是依托于电力设施而存在的特殊商品，电能在经过供电设施的产权分界点后，就完成了所有权及经营权的交接，C 油脂公司为涉案事故发生地点的电网实际管控者和维护者。二审法院判决撤销一审法院的判决，驳回了原告对供电公司的诉讼请求。

（三） 再审情况

原告不服市中院的判决，向省高院提出再审申请。省高院经审理认为，涉案事故发生地点产权人不属于供电公司，C 油脂公司是涉案事故发生地点供电设施的实际产权人和管控、维护者，供电公司对此供电设施没有管理责任和过错。判决驳回 A 轮胎批发行的再审申请。

三、 法律分析

（一） 供电设施的产权是决定供电公司是否承担侵权责任的关键

根据原《供电营业规则》第五十一条规定，在供电设施上发生事故引起的法律责任，按照供电设施产权归属确定，新《供电营业规则》中也有类似规定。在本案中，C油脂公司为涉案供电设施的产权人，其是实际产权的管控、维护者。供电公司对此设施无管理责任和过错，因此供电公司不承担责任。

（二） 电力设施与电能是两个不同的法律概念

供电公司与用户虽然签订了《高压供用电合同》，明确了产权分界点电源侧产权属供电人，分界点负荷侧产权属用电人，双方各自承担其产权范围内电力设施上发生事故等引起的法律责任。但有些法院混淆电力设施和电能这两个不同的概念，认为供电公司收取费用是收益一方。发生触电事故，不关注电力设施的产权，仅从供电公司是收益的一方，从而判决供电公司承担责任。

本案中，通过向审理法官解释供电设施和电能的不同概念，即触电事故一般在电力设施上发生，但电能仅是依托电力设施的一种商品，该商品在经过电力设施的产权分界点后，就完成了所有权及经营权的交接。供电公司不应承担不属于自己产权的电力设施上的侵权责任，最终得到法官认可。

四、 启示建议

（一）积极参与火灾事故调查

火灾事故发生后，消防部门出具的火灾事故责任认定书是法院审判案件的主要依据，如无其他有力证据，法院将依此判定火灾赔偿责任。涉电火灾事故发生后，供电公司要第一时间参与火灾事故调查，特别是在消防部门通知公司参与火灾调查时，相关人员要认真对待，积极配合查明火灾是否因电力设施引起、电力设施的产权归属等问题，积极向消防部门陈述供电公司的意见及理由，配合消防部门做好笔录。

（二）严格划分供电设施产权分界点， 明确电力设施管理维护责任

供电公司要强化产权分界意识，在签订《供用电合同》时，明确约定供用电双方电力设施的产权分界点和电力设施运行、维护责任。属于公司产权的，要加强维护管理；不属于公司产权的，要由用户自行管理、维修维护；接受用户委托维护管理电力设施的，要签订书面协议，约定双方权利义务，避免相关法律风险。

（三）加强用电安全检查和宣传

在以往的判决中，法院以未完全履行安全用电义务增加供电公司责任的判决不在少数。供电公司应当加强用户用电安全检查，认真开展隐患告知，做好资料存档；其次供电公司要加强用电安全知识宣传，尤其是要加强用电防火知识宣传，提高用户防范电力火灾意识。发现用户存在电力火灾风险时，可书面向用户发出风险提示，提醒其及时维护、维修、更换电力设备（设施），防止电力火灾发生。

五、 相关法条

1. 原《供电营业规则》

第五十一条 在供电设施上发生事故引起的法律责任，按供电设施产权归属确定。产权归属于谁，谁就承担其拥有的供电设施上发生事故引起的法律责任。

2.《供电营业规则》

第五十四条 供电设施产权所有者对在供电设施上发生的事故承担法律责任，但法律法规另有规定的除外。

（作者：周洪军 姜金明）

31. 及时履行抢修义务　供电公司不担责任
—— 岳×诉陈×、供电公司等财产损害赔偿纠纷案

一、案情简介

2017年7月12日凌晨，陈×驾驶一辆重型半挂牵引车行驶到一个丁字路向北左转弯时，因转弯角度过小，致使车辆翻入公路的庄稼地里，造成乡村道路路面、庄稼以及路西的电线杆损坏，经认定陈×负事故全部责任。电线杆损坏造成电线断线停电，致使岳×的养鸡场鸡死亡。岳×认为供电公司没有保证及时供电，具有过错，故将陈×、供电公司、涉案保险公司等诉至县法院，要求共同对岳×承担财产损害的赔偿责任。

二、审理过程

（一）一审情况

一审法院经审理认为，本案系陈×驾驶重型半挂牵引车发生交通事故引发，陈×负事故的全部责任。该事故的发生造成岳×养鸡场断电并致鸡死亡8600只。张×系车辆实际所有人，陈×系张×雇佣司机，雇员在从事雇佣活动中造成的损失，作为雇主的张×应承担赔偿责任。事故车辆在涉案保险公司购买有保险，应在第三者责任险限额内对岳×的损失直接承担赔偿责任。岳×主张供电公司承担赔偿责任，未能提供相应的证据加以证实，不予支持。一审判决涉案保险公司赔偿岳×损失100000元，同时驳回了岳×要求供电公司赔偿的诉讼请求。

（二）二审情况

二审法院经审理认为，一审法院在认定岳×养鸡场损失金额及保险公司赔偿数额上有误，应予以更改，但并未改判供电公司承担赔偿责任。

三、法律分析

（一）陈×驾车撞断电线杆造成原告养鸡场停电，应当基于该过错承担赔偿责任

原《侵权责任法》第六条规定：行为人因过错侵害他人民事权益，应当承担侵权责任。《中华人民共和国民法典》第一千一百六十五条规定：行为人因过错侵害他人民事权益造成损害的，应当承担侵权责任。本案岳×的损失虽是因为中断供电造成的，但中断供电的原因是陈×驾驶机动车撞断电线杆所致，供电公司对此不存在过错，岳×的损失应由有过错的侵权人陈×进行赔偿。

（二）供电公司已履行抢修恢复供电义务，依法不应承担赔偿责任

根据原《中华人民共和国合同法》（以下简称《合同法》）第一百八十一条和《民法典》第六百五十三条规定：本案事故发生后，供电公司第一时间调配人员、物资进行抢修并及时恢复供电，已经做到了抢修恢复供电义务，不存在岳×诉称的

供电不及时情况，供电公司依法不应承担赔偿责任。

四、 启示建议

本案案由为财产损害赔偿责任纠纷，岳×的损失虽是因中断供电造成的，对于中断供电，供电公司不存在过错。且及时抢修恢复了供电，故法院未判决供电公司承担赔偿责任。根据本案启示，供电公司在产权内线路、设备遭遇外力破坏造成停电时，应及时做好以下两方面工作：①及时固定证据并启动抢修：停电后第一时间核实停电现场，查清事故原因，通过现场拍照、录像、报警等方式固定外破原因、损失状况等证据，同时立即部署和开展抢修作业，确保尽快恢复供电；②强化日常巡视和电力设施保护宣传，及时发现警示标志缺失、线下违章施工作业等外破安全隐患并予以处置，不断提高社会公众保护电力设施意识，尽可能避免外力破坏造成突发停电事故。

五、 相关法条

1.《民法典》

第六百五十三条 因自然灾害等原因断电，供电人应当按照国家有关规定及时抢修；未及时抢修，造成用电人损失的，应当承担赔偿责任。

第一千一百六十五条 行为人因过错侵害他人民事权益造成损害的，应当承担侵权责任。

2.《民事诉讼法》

第六十七条 当事人对自己提出的主张，有责任提供证据。

当事人及其诉讼代理人因客观原因不能自行收集的证据，或者人民法院认为审理案件需要的证据，人民法院应当调查收集。

人民法院应当按照法定程序，全面地、客观地审查核实证据。

（作者：李文君　郝晓静）

第四章

供 用 电

32. 主动出击强维权　追回电费近百万
—— 供电公司诉 A 公司、B 公司供用电合同纠纷案

一、案情简介

A 公司系小区开发商，B 公司系小区物业服务公司，二者签订有《协议》，约定 B 公司按 0.56 元/（kW·h）向小区收取电费，再按 0.5 元/（kW·h）承包价将电费交给 A 公司。A 公司与供电公司系高压供用电合同关系，案涉小区使用的受电变压器系 A 公司所有，供电公司按 0.529 元/（kW·h）向 A 公司（专线用户）收取电费。2016 年 9 月起，A 公司不再为该小区用电贴补差价，造成其未向供电公司足额交纳电费。

2019 年 10 月，供电公司向区法院提起诉讼，要求 A 公司和 B 公司连带支付拖欠电费及违约金共计 55.05 万元（违约金暂计至 2020 年 5 月 9 日），并申请诉前财产保全，保全 A 公司 1 处商铺。2020 年 5 月，被告 A 公司提起反诉，认为该小区供电设施已移交 B 公司，要求解除与供电公司签订的《高压供用电合同》。

二、审理过程

一审法院认为，供电公司与 A 公司系供用电合同关系，A 公司应足额支付电费，其未按约支付电费，构成违约，故供电公司有权按照合同约定主张欠付电费及逾期交付电费产生的违约金且违约金标准（当年日 2‰、跨年度日 3‰）未违反法律规定，予以支持。B 公司对上述款项不承担违约责任。A 公司反诉主张解除合同，因解除条件未成就且供电公司为合同的无过错方，故其无权解除合同，予以驳回。一审判决后 A 公司支付拖欠电费及违约金，A 公司提起上诉，但因其未按期缴纳上诉费，法院裁定按自动撤回上诉处理，一审判决自送达之日起生效。

本案现已执行完毕，供电公司追回电费 95.9 万元。

三、法律分析

（一）陈欠电费及违约金的负担主体

案涉《高压供用电合同》系供电公司与 A 公司签订，故合同约定的权利义务对某小区业主无约束力。因此，供电公司要求合同对方 A 公司承担违约责任符合《民法典》的规定，B 公司作为非合同当事人对拖欠电费及违约金不承担责任。

（二）合同履行中的终止与解除

本案审理中，A 公司向法院提出反诉，认为该小区供电设施已移交 B 公司，请求判令解除其与供电公司签订的《高压供用电合同》。针对反诉，供电公司辩称，反诉请求不符合《高压供用电合同》中约定的协商解除条件，即应当提前 15 天书

面通知供电公司，由供电公司实施停电后解除。现解除条件未成就且供电公司已依约履行供电义务，是无过错方，A 公司在尚未结清电费情况下无权依法行使解除权，法庭予以认可。

（三）主诉案件的证据提供与搜集

本案法庭调查时，供电公司提交 5 组 11 份证据，包括《高压供用电合同》、A 公司欠费明细、电费结算清单、用户缴费情况系统截图等，有力证明了被告拖欠电费事实，为案件胜诉奠定了扎实的证据基础。

四、启示建议

（1）注意留存证据。对于欠费用户，业务部门应妥善、完整保存用户纸质及电子档案，包括但不限于供用电合同、电费结算清单、用户缴费记录、中止供电前的告知，以及有关部门关于欠费停电事项出具的书面材料等。

（2）采取诉前保全措施。收到业务部门申请后，供电公司及时成立案件专项小组，选派精英骨干研究应对策略，制定诉讼方案，向法院申请诉前财产保全，以督促被告履行义务，保障生效判决得到执行。本案 A 公司在被保全商铺司法拍卖前夕，主动联系供电公司缴纳电费及违约金 95.9 万元。

（3）注意诉讼时效。应注意追索电费的诉讼时效，以免丧失胜诉权。同时妥善保留主张电费的有关证据，如催费通知单、客服录音等。

（4）针对非直供小区，应与物业公司签订供用电合同。案涉小区现已更换物业公司，A 公司、B 公司均退出，供电公司已和新进驻物业签订合同，现已正常收取电费。

五、相关法条

1.《民法典》

第五百六十二条 当事人协商一致，可以解除合同。

当事人可以约定一方解除合同的事由。解除合同的事由发生时，解除权人可以解除合同。

第五百六十三条 有下列情形之一的，当事人可以解除合同：

（一）因不可抗力致使不能实现合同目的；

（二）在履行期限届满前，当事人一方明确表示或者以自己的行为表明不履行主要债务；

（三）当事人一方迟延履行主要债务，经催告后在合理期限内仍未履行；

（四）当事人一方迟延履行债务或者有其他违约行为致使不能实现合同目的；

（五）法律规定的其他情形。

以持续履行的债务为内容的不定期合同，当事人可以随时解除合同，但是应当在合理期限之前通知对方。

第五百八十五条 当事人可以约定一方违约时应当根据违约情况向对方支付一

定数额的违约金，也可以约定因违约产生的损失赔偿的计算方法。

约定的违约金低于造成的损失的，人民法院或者仲裁机构可以根据当事人的请求予以增加；约定的违约金过分高于造成的损失的，人民法院或者仲裁机构可以根据当事人的请求予以适当减少。

当事人就迟延履行约定违约金的，违约方支付违约金后，还应当履行债务。

第五百九十三条 当事人一方因第三人的原因造成违约的，应当依法向对方承担违约责任。当事人一方和第三人之间的纠纷，依照法律规定或者按照约定处理。

2.《电力供应与使用条例》

第二十七条 供电企业应当按照国家核准的电价和用电计量装置的记录，向用户计收电费。用户应当按照国家批准的电价，并按照规定的期限、方式或者合同约定的办法，交付电费。

第三十五条 供用电合同的变更或者解除，应当依照有关法律、行政法规和本条例的规定办理。

第三十九条 违反本条例第二十七条规定，逾期未交付电费的，供电企业可以从逾期之日起，每日按照电费总额的千分之一至千元之三加收违约金，具体比例由供用电双方在供用电合同中约定；自逾期之日起计算超过三十日，经催交仍未交付电费的，供电企业可以按照国家规定的程序停止供电。

3. 原《供电营业规则》

第三十二条 用户销户，须向供电企业提出申请。供电企业应按下列规定办理：销户必须停止全部用电容量的使用；用户已向供电企业结清电费；查验用电计量装置完好性后，拆除接户线和用电计量装置；用户持供电企业出具的凭证，领还电能表保证金与电费保证金；办完上述事宜，即解除供用电关系。

第九十四条 供用电合同的变更或者解除，必须依法进行。有下列情形之一的，允许变更或解除供用电合同：当事人双方经过协商同意，并且不因此损害国家利益和扰乱供用电秩序；由于供电能力的变化或国家对电力供应与使用管理的政策调整，使订立供用电合同时的依据被修改或取消；当事人一方依照法律程序确定确实无法履行合同；由于不可抗力或一方当事人虽无过失，但无法防止的外因，致使合同无法履行。

第九十八条 用户在供电企业规定的期限内未交清电费时，应承担电费滞纳的违约责任。电费违约金从逾期之日起计算至交纳日止。每日电费违约金按下列规定计算：居民用户每日按欠费总额的千分之一计算；其他用户当年欠费部分，每日按欠费总额的千分之二计算；跨年度欠费部分，每日按欠费总额的千分之三计算。电费违约金收取总额按日累加计收，总额不足1元者按1元收取。

（作者：李 翔 李 冉）

33. 配合政府停限电　停电主体要厘清
—— 王×诉供电公司供用电合同纠纷案

一、 案情简介

2020 年 4 月 7 日，区管委向供电公司下达停电通知函，内容为："为顺利推进某项目拆迁，保证拆迁作业安全，需对 A 村未签约的 51 处房屋给予停电处理，停电通知由属地街道办事处负责。请贵单位于 2020 年 4 月 26 日开始停电，停电产生的法律责任与贵单位无关。"供电公司依据通知函内容进行停电。2020 年 5 月，在停电区域内的居民用户王×以供电公司违反供用电合同约定，擅自停电为由，将供电公司诉至法院，要求恢复供电并继续履行供用电合同。

二、 审理过程

一审法院经审理认为，从形式上看，停电是由供电公司直接实施的，但本质上是应管委会要求做出的行为，并非简单供用电合同纠纷，不属于民法调整的财产纠纷，不属于民事诉讼受案范围，裁定驳回原告起诉。原告未提起上诉。

三、 法律分析

（一） 供电公司配合政府停电的行为性质

供电公司依照相关法律法规及《供用电合同》约定，在电网正常运行的情况下，为用户提供连续供电，是供电公司的义务。但本案中，管委会书面通知供电公司对相关用户采取停电措施，停电的主体应当是行政机关。该行为对供电公司产生了强制约束力，供电公司协助停电的行为不属于通过自身意思表示做出的民事法律行为，也不具有民事合同上的违约性质，相关争议亦不属于民事诉讼的受理范围。

（二） 有权做出停电决定的主体有哪些

根据《中华人民共和国安全生产法》（以下《安全生产法》）《供电监管办法》《河南省供用电条例》等相关规定，通常有权作出停电决定的行政主体主要有：县级及以上人民政府、县级及以上人民政府电力管理部门、县级及以上人民政府安全生产监督管理部门。实践中，行政机关经常设置临时机构集中作出停电通知，如各类办公室、委员会、领导小组、指挥部等临时性、协调性机构。上述机构如取得有权机关的明确委托，也可以发出协助停电通知，但相关责任由委托机关承担。

四、 启示建议

（一） 履行停电通知的形式审查义务

严格按照《国家电网有限公司关于妥善处理配合政府停电法律纠纷的指导意见》，对停电决定主体、实施停电的法律依据、停电通知的形式要素等进行审核。特别注意要取得行政机关书面有效文件，如行政机关作出的行政决定等。如行政机关不具备相应职权或者协助执行的法律文书明显错误或者违反法律强制性、禁止性规定等，有权拒绝配合，并及时与行政机关沟通，建议其报请人民政府、电力管理部门依法处理。

（二） 规范协助停电操作程序

除法律规定的紧急情况外，应当按照停电的相关规定，履行提前告知义务，并向被停电人说明是根据行政机关要求停电，相关责任由行政机关承担。实施停电行为时，行政机关应当在场组织，供电企业配合实施并保存证据。在收到停电决定主体恢复供电的书面通知后，应及时恢复供电，规范恢复供电程序。停电决定主体怠于恢复送电的，应将有关情况报送电力管理部门或相关部门，并向其寻求妥善处理恢复供电事宜的指示，同时做好相关证据留存。

五、 相关法条

1.《民法典》

第六百五十二条 供电人因供电设施计划检修、临时检修、依法限电或者用电人违法用电等原因，需要中断供电时，应当按照国家有关规定事先通知用电人；未事先通知用电人中断供电，造成用电人损失的，应当承担赔偿责任。

2.《安全生产法》

第七十条 负有安全生产监督管理职责的部门依法对存在重大事故隐患的生产经营单位作出停产停业、停止施工、停止使用相关设施或者设备的决定，生产经营单位应当依法执行，及时消除事故隐患。生产经营单位拒不执行，有发生生产安全事故现实危险的，在保证安全的前提下，经本部门主要负责人批准，负有安全生产监督管理职责的部门可以采取通知有关单位停止供电、停止供应民用爆炸物品等措施，强制生产经营单位履行决定。通知应当采用书面形式，有关单位应当予以配合。

3. 最高人民法院关于适用《中华人民共和国行政诉讼法》的解释

第二十条 没有法律、法规或者规章规定，行政机关授权其内设机构、派出机构或者其他组织行使行政职权的，属于行政诉讼法第二十六条规定的委托。当事人不服提起诉讼的，应当以该行政机关为被告。

4.《供电监管办法》

第二十四条 供电企业应当严格执行政府有关部门依法作出的对淘汰企业、关停企业或者环境违法企业采取停限电措施的决定。未收到政府有关部门决定恢复送电的通知，供电企业不得擅自对政府有关部门责令限期整改的用户恢复送电。

5.《河南省供用电条例》

第四十七条 任何单位和个人不得随意停限电。县级以上人民政府确需采取停限电措施的，应当按照国家有关规定执行，并书面通知供电企业。供电企业未取得人民政府书面通知的，不得停限电。

（作者：牛草萌）

34. 光伏补贴不规范　群体效应危害大

—— 王×诉供电公司光伏补贴供用电合同纠纷案

一、案情简介

王×于 2020 年 6 月 22 日与被告供电公司签订《分布式光伏发电项目低压发用电合同》。王×声称被告供电公司违反合同规定，从签订合同至今，除 2020 年 7 月至 2020 年 10 月 4 个月正常支付上网电费和补助电费、2020 年 11 月份的补助电费于 2022 年 7 月 27 日补发外，从 2020 年 12 月份至 2023 年 1 月累计 26 个月的补助电费计 18063.04 元没有给予支付。因此王×诉供电公司，请求法院判令被告补发从 2020 年 12 月至 2023 年 1 月补助电费 18063 元，并按双方约定支付相应的滞纳金。

二、审理过程

经调查，王×与供电公司签订了《分布式光伏发电项目低压发用电合同》。合同履行期间，供电公司按期支付了上网电费；但财政资金负担的可再生能源电价附加补助资金，供电公司转付至 2020 年 11 月份，自 2020 年 12 月至今期间的部分尚未转付。

因王×属于 50kW 以上装机规模的自然人分布式光伏项目，根据《财政部关于下达 2022 年可再生能源电价附加补助资金预算的通知》（财资〔2022〕100 号）规定，电网公司在拨付补贴资金时，按照项目并网之日起至 2021 年底应付补贴资金，采取等比例方式拨付。王×自 2020 年 12 月至 2021 年 12 月期间，总计 9214.56 元，按照 40.81968％的分配比例，2022 年底供电公司应转付 3761.36 元补贴资金。

本案开庭审理后，法院对相关证据材料质证后，组织供电公司与原告进行调解。原告王×放弃违约金诉求，向法院申请撤诉。

三、法律分析

（一）合同主体发生变更应及时变更合同

《民法典》第五百四十三条规定："当事人协商一致，可以变更合同。"

2022 年 8 月供电公司实施供电区域网格化调整，王×光伏项目原来由市供电公司服务，调至由县供电公司服务。当情况发生变化时，供用电双方应及时协商，修改合同有关内容。网格化机构调整后，县供电公司没有及时与王×转签新的分布式光伏发电项目低压发用电合同，导致本案中供电公司所持有的发用电合同，仍是市供电公司与王×签订的发用电合同。合同主体与实际情况不符。

（二）光伏补贴应严格执行政策规定

《财政部关于下达 2022 年可再生能源电价附加补助资金预算的通知》（财资〔2022〕100 号）及 2022 年 12 月 26 日×省电力公司关于可再生常规补贴资金转付

的通知规定，对于 50kW 以上光伏发电客户发至 2021 年底的补贴金额应在 2022 年年底发放完毕。供电公司未严格执行财政部下发的文件要求，应及时按政策要求办理结算。

四、启示建议

（一）加强供用电、发用电合同管理

供（发）用电合同作为供电方与客户建立法律关系的桥梁，以书面形式明确供用电双方当事人权利、义务，是保护当事人合法权益，维护正常供用电秩序，提高电能使用效果的重要武器，因此供（发）用电合同必须保证所载信息准确无误，出现信息变更要及时变更、补签。建议相关部门及时梳理供（发）用电合同，对因网格化调整而变更属地的用电客户及时转签、变更供（发）用电合同。

（二）系统规范光伏补贴工作流程，做好光伏政策阐释工作

建议相关部门系统规范光伏补贴工作流程，全面梳理排查光伏补贴资金转付工作情况，对类似应转付未转付的项目及时补贴到位，对超发补贴资金的项目也要全面梳理及时纠错，同时做好光伏政策解释工作，及时解决客户疑问，化解被投诉、起诉的风险。

五、相关法条

1.《民法典》

第五百四十三条 当事人协商一致，可以变更合同。

2.《财政部关于下达 2022 年可再生能源电价附加补助资金预算的通知》（财资〔2022〕100 号）

第五条其他发电项目，按照各项目并网之日起至 2021 年底应付补贴资金，采取等比例方式拨付。

（作者：侯勋凯）

35. 合同条款不完善　窃电责任难追究

—— 祁×诉供电公司供用电合同纠纷案

一、 案情简介

在 2018 年"天网"反窃电集中打击行动中，工作人员发现祁×名下房屋使用的电能表存在窃电情形，要求其补交了电费及补交电费三倍的违约使用电费（共计 19323.36 元）。祁×认为其为房屋出租人，不是窃电行为人，因而不应承担应由窃电者本人承担的责任，随后向法院起诉。该案经过准许撤诉、重新起诉、一审判决、终审判决、裁定再审、再审判决，于 2021 年 6 月 1 日最终结案。省高级人民法院根据公安机关出具的《终止侦查决定书》等材料认定祁×并非窃电行为人且认为供电公司未将原《供电营业规则》第一百零二条关于补交三倍违约使用电费的规定纳入与用电人的书面约定，最终判决供电公司向祁×返还违约使用电费 14492.52 元及利息。

二、 审理过程

（一） 一审情况

经审理，法院认可祁×使用的电能表存在窃电事实，但是祁×并非实际窃电人。

一审法院认为，在窃电发生时，供电公司虽未与祁×签订供用电合同，但双方已经形成事实上的供用电合同关系且供电公司对于窃电行为作出违章用电、窃电处理于法有据。祁×虽然不是实际窃电人，但是作为合同相对方，应当按照合同约定维护看护其所使用的电能表，其所使用的电能表发生窃电现象，应当承担责任。鉴于发生窃电时，房屋已对外出租，祁×可以向实际使用人追偿。

（二） 二审情况

祁×不服提出上诉，上诉理由主要为双方没有签订供用电合同，祁×没有看护电能表的义务且电能表产权归供电公司所有，祁×无法确保电能不被丢失，不应承担相应后果。

二审法院经审理认为，一审法院认定事实正确。双方在窃电发生之前，形成事实的供用电合同关系。供电公司按照《河南省供用电条例》和《供电营业规则》的规定进行处理，符合规定。判决驳回上诉，维持原判，如祁×并非实际用电人，违约费用可向实际用电人另行主张。

（三） 再审情况

祁×不服终审判决，向省高级人民法院申请再审，高院裁定再审。

再审法院经审理认为，本案存在窃电行为。供电公司应按原《供电营业规则》第一百零二条规定要求实际窃电者承担补交电费和三倍违约金，而非祁×。因无书面合同的约定，供电公司不得要求祁×承担三倍违约金。判决供电公司向祁×返还违约使用电费 14492.52 元及利息。

三、 法律分析

（一） 特殊情况下的窃电追责

在用户房屋出租、借用的情况下，会出现实际用电人与户表登记人不一致的情形，倘若此种情况下发生窃电现象，供电企业无法依据《供电营业规则》相关规定，向户表登记人主张电费三倍的违约使用电费。根据原《供电营业规则》第一百零二条规定（对应新《供电营业规则》第一百零四条），供电企业对查获的窃电者应予制止并可当场中止供电。窃电者应按所窃电量补交电费并承担补交电费三倍的违约使用电费。此规定要求窃电者本人承担补交电费及三倍的违约责任，而非要求户表登记人。

（二） 生效合同下的违约追责

《民法典》第五百九十三条规定，当事人一方因第三人的原因造成违约的，应当向对方承担违约责任。当事人一方和第三人之间的纠纷，依照法律规定或者按照约定解决。因此，在实际窃电人因窃电行为导致合同相对方违约的情况下，供电企业可以要求合同相对方承担应交电费三倍的违约责任，此时的合同相对方可以是户表登记人（本案中的祁×）。但是在这种情形下，供电企业必须与房屋登记人签订有效的供用电合同且将承担应交电费三倍的违约责任作为合同内容进行书面约定。否则，供电企业无法依据有效的合同内容主张三倍违约责任。

四、 启示建议

《供电营业规则》第一百零四条（对应原《供电营业规则》第一百零二条）为："供电企业对查获的窃电者，应当予以制止并按照本规则规定程序中止供电。窃电用户应当按照所窃电量补交电费，并按照供用电合同的约定承担不高于应补交电费三倍的违约使用电费。拒绝承担窃电责任的，供电企业应当报请电力管理部门依法处理。窃电数额较大或情节严重的，供电企业应当提请司法机关依法追究刑事责任。"现行规定与法官裁判理念一致。在新《供电营业规则》修订以后，供电公司应加强规范管理。一是对合同缺失、合同到期未续签、合同文本陈旧或条款不规范等问题进行排查，积极组织和引导用户补签合同。二是完善居民供用电合同条款。将合同特别约定条款处约定："用电人将用电地址内的房屋、场地出租、出借或以其他方式给他人使用的，用电人同意按照《供电营业规则》第一百零四条规定，由其向供电人按所窃电量补交电费，并承担补交电费三倍的违约使用电费。"

五、 相关法条

1.《民法典》

第五百九十三条　当事人一方因第三人的原因造成违约的，应当依法向对方承担违约责任。当事人一方和第三人之间的纠纷，依照法律规定或者按照约定处理。

2. 原《供电营业规则》

第一百零二条 供电企业对查获的窃电者，应予制止并可当场中止供电。窃电者应按所窃电量补交电费，并承担补交电费三倍的违约使用电费。拒绝承担窃电责任的，供电企业应报请电力管理部门依法处理。窃电数额较大或情节严重的，供电企业应提请司法机关依法追究刑事责任。

3.《河南省供用电条例》

第五十条第一款 供电企业发现窃电行为的，有权予以制止，可以中断供电；对情节严重的，应当向公安机关报案。

（作者：马跃迪　杨　波）

36. 申请直供电有限制　供电公司拒签合同依据足
—— 张×诉供电公司、物业管理公司供用电服务合同纠纷案

一、案情简介

张×为小区业主，分别于 2022 年 2 月 20 日和 2022 年 2 月 23 日两次向供电公司申请直接供电，均被拒绝，因认为供电公司违反《电力法》和《河南省供用电条例》中的强制缔约义务，于 2022 年 3 月 11 日向该县人民法院起诉，要求该县供电公司与其签订供用电合同，履行供电义务，并要求小区物业公司给予配合。

经查，张×所在小区原系烂尾工程，后来某建筑工程公司和冯×介入继续施工，完成了小区供电、供水、电梯等安装，促成小区竣工。该建筑工程公司、冯×与某物业管理公司签订物业托管合同，约定了向业主提供物业服务的条件，因张×拒绝向该建筑工程公司和冯×缴纳后续投资分摊费，某物业管理有限公司拒绝向其供电，张×主张供电公司直接供电，引发纠纷。

二、审理过程

（一）一审情况

经审理，法院认可被告供电公司关于原告诉请不符合安全、可靠、经济、合理和便于管理原则的辩护，并认为其依据《国家发展改革办公厅关于清理规范电网和转供电环节收费有关事项的通知》，为被告某物业管理有限公司供电符合法律规定和政策要求。

一审法院认为，本案被告供电公司有权对低压居民用户新装业务申请进行审查认定，原告申请直供电需要满足一定条件且为满足该条件需要耗费大量人力物力，不利于节约资源和开展科学用电管理，为原告直接供电不能满足"安全、可靠、经济、合理和便于管理的原则"，判决驳回张×的诉讼请求。

（二）二审情况

张×不服，上诉至市中级人民法院，认为一审法院认可被告供电公司答辩理由在程序上严重违法且对实体问题的认识错误，关于用电合理性的判断应当基于用电人用电要求的内容，而非供电人供电的客观条件。

二审法院经审理认为，本案一审期间被上诉人供电公司庭后提交答辩状系对自身权利的处分且法院并未采信，一审法院并未程序违法；本案中两被上诉人间已经订立了供用电合同，此时上诉人要求直接供电，不符合"安全、可靠、经济、合理和便于管理的原则"，判决驳回上诉，维持原判。

三、法律分析

（一）供用电合同的订立

《电力法》第二十七条规定："电力供应与使用双方应当根据平等自愿、协商一致的

原则，按照国务院制定的电力供应与使用办法签订供用电合同，确定双方的权利和义务。"本案中，原告要求被告供电公司与其签订供用电合同，应当基于双方自愿达成合意，被告供电公司不愿与其订立合同，原告不能要求法院强制双方签订。《中华人民共和国民法典》第六百四十八条第二款规定："向社会公众供电的供电人，不得拒绝用电人合理的订立合同要求。"本条的规定并非为供电公司强制缔约义务，其限制条件是"合理"，因此，供电公司被赋予了审查用电人订立合同要求是否合理的权利。

（二）供电方式应符合法律规定

《民法典》第九条规定："民事主体从事民事活动，应当有利于节约资源，保护生态环境。"《中华人民共和国电力供应与使用条例》第二十条第一款规定："供电方式应当按照安全、可靠、经济、合理和便于管理的原则，由电力供应与使用双方根据国家有关规定以及电网规划、用电需求和当地供电条件等因素协商确定。"第二款规定："在公用供电设施未到达的地区，供电企业可以委托有供电能力的单位就近供电。非经供电企业委托，任何单位不得擅自向外供电。"本案中，供电公司与物业公司间已存在供用电合同，涉案小区地埋电缆、墙埋绝缘导线、变压器等用电设施、设备已经由开发商投资建设，利用这些设备向小区供电方便、合理、经济，如果重新向原告单独再行供电，需重新引入上述设施设备，必然与开发商设备构成交叉供电，存在较大安全用电隐患且架设相关线路、设备需要花费大量人力、资金，不利于节约资源。被告供电公司从经济性、安全性、合理性等方面综合考虑，拒绝向原告供电的行为坚持了民事活动节约资源的原则。

（三）一户一表直供电需满足相关条件

《供电营业规则》第七十八条规定："城镇居民用电一般应当实行一户一表。因特殊原因不能实行一户一表计费时，供电企业可以根据其容量按照公安门牌或楼门单元、楼层安装共用的计费电能表，居民用户不得拒绝合用。"《国家发展改革委办公厅关于清理规范电网和转供电环节收费有关事项的通知》（发改办价格〔2018〕787号）规定："转供电是指电网企业无法直接供电到终端用户，需由其他主体转供的行为。"《关于规范非电网直供电价格行为有关事项的通知》（豫发改价管〔2021〕887号）规定："总表形式向电网企业申请报装、负责向终端用户供电并收费的商业综合体、产业园区、物业、写字楼等供电主体属于非电网供电主体，应为终端用户、公共部位和共用设施设备用电、非电网供电主体自用电分别装表计量，按分表计量电量向终端用户收取电费，不得以电量或电费为基数向终端用户加收服务类等其他费用，为规定范围内的终端用户安装分时计量电表。"本案中，原告所在小区变压器等供电设备由小区开发商投资建设，设备产权属于开发商，小区用电由被告某物业管理有限公司以总表形式统一管理、维护，被告供电公司只负责小区变压器总表以上线路、设备的管理维护和电费收缴。当前小区还不符合改造为一户一表的条件，其以总表方式供电并由物业负责向业主转供电，已形成既定事实且得到小区大部分业主同意，原告如需用电，应该与被告某物业管理有限公司协商，如存在其他纠纷，或认为被告某物业管理有限公司在转供电过程中存在违法行为，可通过其他合法途径解决，不应当向被告供电公司申请直接供电。

四、启示建议

本案反映了供电服务中遇到的一类典型问题，因很多城市小区并非一户一表直接供电，业主在与实际供电人（往往为物业公司）因供电问题出现分歧时，向供电公司申请直接供电，给供电企业带来一定压力。而直接供电需要基于一定条件，同时供电也应当坚持安全、可靠、经济、合理和便于管理的原则，因此在司法实践中，供电企业胜诉可能性较高，但基于"人民电业为人民"的企业宗旨，供电公司应在实际工作中尽量解决人民用电困难，对于具备改造为一户一表条件的电力用户，电网企业要主动服务，尽快实现直接供电。不具备直接供电条件，继续实行转供电的，要监督地方的商业综合体、产业园区、物业、写字楼等转供电环节存在的不合理加价现象，将国家对转供电相关价格政策措施全部传导到终端用户，确保真正惠及终端用户。在业主向供电公司申请直接供电，而供电公司经审查发现不具备直供条件时，应当尽力向业主做好解释工作，并引导业主向转供电主体申请用电，帮助协调解决其面临的实际用电困难。

五、相关法条

1.《民法典》

第五条民事主体从事民事活动，应当遵循自愿原则，按照自己的意思设立、变更、终止民事法律关系。"第九条规定："民事主体从事民事活动，应当有利于节约资源，保护生态环境。"第四百六十四条规定："合同是民事主体之间设立、变更、终止民事法律关系的协议。"第六百四十八条第二款规定："向社会公众供电的供电人，不得拒绝用电人合理的订立合同要求。

2.《电力供应与使用条例》

第二十条供电方式应当按照安全、可靠、经济、合理和便于管理的原则，由电力供应与使用双方根据国家有关规定以及电网规划、用电需求和当地供电条件等因素协商确定。在公用供电设施未到达的地区，供电企业可以委托有供电能力的单位就近供电。非经供电企业委托，任何单位不得擅自向外供电。

3.《供电营业规则》

第七十八条 城镇居民用电一般应当实行一户一表。因特殊原因不能实行一户一表计费时，供电企业可以根据其容量按照公安门牌或楼门单元、楼层安装共用的计费电能表，居民用户不得拒绝合用。共用计费电能表内的各用户，可以自行装设分户电能表，自行分算电费，供电企业在技术上予以指导。

（作者：肖妥妥　李　晗）

37. 供电公司查明断电责任人　避免承担断电赔偿责任
—— A财险公司诉供电公司追偿权纠纷案

一、案情简介

2019年7月5日，区管理委员会国土规划建设管理局、区管理委员会综合行政执法局组织对纬七路两侧路缘石升级更换，因车辆挖沟施工时将供电公司所属的10kV彩×线高压电缆挖破导致线路短路跳闸，B印染公司也因此停电。

B印染公司在A财险公司处投有保险，保险合同期限为2018年8月16日0时至2019年8月15日24时。A财险公司向B印染公司赔偿停电产生的损失后，向供电公司追偿，遂起诉至县人民法院，要求供电公司赔偿其183854.63元，并承担诉讼费。

二、审理过程

（一）一审情况

一审法院认为：①无论是原告还是被告提供的证据均显示是市政施工挖断电缆造成停电，停电事故的直接原因不是被告供电公司造成的，被告不是损害案涉保险标的侵权者；②发案前，B印染公司已将用电等签订合同的权利与义务变更至C纺织公司名下，印染公司与被告已无合同关系。根据合同相对性原则，B印染公司已不是合同当事人，其无权基于合同向被告主张权利。

一审法院判决驳回A财险公司的诉讼请求。

（二）二审情况

收到一审判决后，A财险公司提起上诉。市法院认为：①A财险公司行使代位求偿权的代位主体为被保险人B印染公司，而非C纺织公司，供电公司与纺织公司签订的《高压供用电合同》对B印染公司没有约束力，A财险公司向B印染公司赔付保险金后，不能基于该合同向供电公司主张代位求偿权；②B印染公司作为实际用电户，与供电公司存在事实上的供用电关系，根据双方举证及共同认可的事实，本案停电事故系因市政施工挖断电缆造成且停电后供电公司及时安排人员对线路进行了抢修，并及时恢复了供电，为此，供电公司对停电事故的发生不存在过错，亦不构成违约，A财险公司以供电公司存在违约并要求其承担损害赔偿责任的上诉理由不能成立。

二审法院判决驳回A财险公司的上诉。

三、法律分析

（一）××供电公司是否存在侵权行为

根据《保险法》第六十条规定，法律赋予了保险人向第三人请求赔偿的代位求偿权，但是该第三人是损害保险标的的侵权第三人。本案停电原因是市政施工挖断电缆造成，并非供电公司造成，同时根据《中华人民共和国电力法》第六十条第三款规定，供电公司不是本案应该承担责任的侵权者。

（二）供电公司是否存在违约行为

供电企业与用户形成供用电合同关系，供电企业的合同义务是供电、及时维修等，本案供电公司已全面履行供电义务，在本次停电事故发生后也及时安排工作人员对线路进行抢修，恢复供电，并不存在任何违约行为。而且 A 财险公司行使代位求偿权的代位主体是被保险人 B 印染公司，而 B 印染公司已将其与供电公司关于用电签订的合同的权利与义务全部变更到 C 纺织公司名下，供电公司与 C 纺织公司签订的供用电合同对 B 印染公司并无约束力。A 财险公司向 B 印染公司赔偿后，不能基于该合同向供电公司主张代位求偿权。

四、 启示建议

（一）及时收集相关证据

供电公司在供电过程中，会遇到政府部门施工导致线路中断，造成用户停电的情形。遇到类似情形，供电公司应积极收集相关证据，查明侵权第三人，证明公司并非责任主体，避免公司承担侵权责任。

（二）积极履行抢修义务

停电事故发生后，供电公司应积极履行抢修、及时恢复供电的义务，及时安排工作人员进行抢修，防止用户损失的进一步扩大，避免用户追究公司违约责任。

五、 相关法条

1.《保险法》

第六十条 因第三者对保险标的的损害而造成保险事故的，保险人自向被保险人赔偿保险金之日起，在赔偿金额范围内代位行使被保险人对第三者请求赔偿的权利。

前款规定的保险事故发生后，被保险人已经从第三者取得损害赔偿的，保险人赔偿保险金时，可以相应扣减被保险人从第三者已取得的赔偿金额。

保险人依照本条第一款规定行使代位请求赔偿的权利，不影响被保险人就未取得赔偿的部分向第三者请求赔偿的权利。

2.《电力法》

第二十八条 供电企业应当保证供给用户的供电质量符合国家标准。对公用供电设施引起的供电质量问题，应当及时处理。

用户对供电质量有特殊要求的，供电企业应当根据其必要性和电网的可能，提供相应的电力。

第二十九条 供电企业在发电、供电系统正常的情况下，应当连续向用户供电，不得中断。因供电设施检修、依法限电或者用户违法用电等原因，需要中断供电时，供电企业应当按照国家有关规定事先通知用户。

用户对供电企业中断供电有异议的，可以向电力管理部门投诉；受理投诉的电力管理部门应当依法处理。

第六十条 因电力运行事故给用户或者第三人造成损害的，电力企业应当依法承担赔偿责任。

电力运行事故由下列原因之一造成的，电力企业不承担赔偿责任：

（1）不可抗力；

（2）用户自身的过错。

因用户或者第三人的过错给电力企业或者其他用户造成损害的，该用户或者第三人应当依法承担赔偿责任。

3.《供电营业规则》

第六十九条 引起停电或限电的原因消除后，供电企业应在三日内恢复供电。不能在三日内恢复供电的，供电企业应向用户说明原因。

（作者：郑鹏武）

38. 财产诉前保全　判后有效维权
—— 供电公司诉 A 公司供用电合同纠纷案

一、案情简介

2019 年 9 月 29 日，供电公司与 A 公司签订《高压供用电合同》，约定 A 公司为用电单位，用电方的电费结算执行大工业用电，电费应当于每月 20 日前一次性转账的方式进行缴纳。2021 年 10 月起，A 公司逾期未向供电公司足额支付电费。

二、审理过程

2022 年 1 月 17 日，供电公司将 A 公司诉至法院，要求 A 公司支付所欠电费。供电公司起诉时，A 公司已经多次被列入失信被执行人名单，拒不履行生效法律文书确定义务。2022 年 1 月 20 日，供电公司向法院提出诉前保全申请，将 A 公司名下位于厂区内的 2000kVA 的变压器设施、设备进行保全。

2022 年 2 月 21 日，该案件在县法院开庭，供电公司诉求法院要求 A 公司支付 139852.26 元所欠电费，并根据双方签订的《高压供用电合同》第 38.4 条、合同附件 3《电费结算协议》第四条以及原《供电营业规则》第九十八条之规定，支付逾期缴纳电费的违约金。

2022 年 3 月 2 日，县法院判决 A 公司向供电公司支付电费并支付违约金。判决生效后，供电公司向法院申请强制执行。A 公司迫于被拍卖变压器的压力，将生效法律判决书确定的义务履行。

三、法律分析

用电人应当按照国家有关规定和供用电双方的约定及时支付电费。用电人逾期不支付电费的，应当按照约定支付违约金。经催告用电人在合理期限内仍不支付电费和违约金的，供电人可以按照国家规定的程序中止供电。A 公司已经被列入失信被执行人的情况下，已经说明法院对 A 公司财产予以全面查询，没有可供执行财产。此时申请保全，应提供明确的被保全财产信息或者具体的被保全财产线索；否则保全毫无意义且即使胜诉，相应债权也可能无法执行到位。

四、启示建议

（一）依法成立的合同，受法律保护

供用电双方应当按照约定全面履行自己的义务。本案中，供电公司与 A 公司签订的《高压供用电合同》，是双方的真实意思表示，不违反法律规定，合同依法成立并生效。A 公司应当按约定及时足额给付所欠电费 139852.26 元及逾期付款违约金。

（二）积极提供财产线索，诉前申请财产保全

对于在供电公司起诉欠付电费之前，用户有其他债务在前且已无可供执行财产

的，供电公司可考虑向法院提供电力设备等财产线索，并及时予以保全。判决生效后，供电公司立即申请对可供执行的财产线索进行执行。诉前保全用户变压器财产，判决生效后执行过程中将挽回供电公司仅持有一张"空头支票"的局面，供电公司权益得到有效维护。

五、 相关法条

1.《民法典》

第六百五十四条 用电人应当按照国家有关规定和当事人的约定及时支付电费。用电人逾期不支付电费的，应当按照约定支付违约金。经催告用电人在合理期限内仍不支付电费和违约金的，供电人可以按照国家规定的程序中止供电。

供电人依据前款规定中止供电的，应当事先通知用电人。

2.《民事诉讼法》

第六十七条 当事人对自己提出的主张，有责任提供证据。

当事人及其诉讼代理人因客观原因不能自行收集的证据，或者人民法院认为审理案件需要的证据，人民法院应当调查收集。

人民法院应当按照法定程序，全面地、客观地审查核实证据。

3.《最高人民法院关于人民法院办理财产保全案件若干问题的规定》

第一条 当事人、利害关系人申请财产保全，应当向人民法院提交申请书，并提供相关证据材料。申请书应当载明下列事项：

（一）申请保全人与被保全人的身份、送达地址、联系方式；

（二）请求事项和所根据的事实与理由；

（三）请求保全数额或者争议标的；

（四）明确的被保全财产信息或者具体的被保全财产线索；

（五）为财产保全提供担保的财产信息或资信证明，或者不需要提供担保的理由；

（六）其他需要载明的事项。

法律文书生效后，进入执行程序前，债权人申请财产保全的，应当写明生效法律文书的制作机关、文号和主要内容，并附生效法律文书副本。

（作者：蔡琼琳）

39. 表计窃电被查处　违约责任不免除

—— 王×诉供电公司供用电合同纠纷案

一、案情简介

2022 年 8 月 19 日，供电公司用电检查人员在检查某小区用电情况时，发现 1 号楼东单元 706 号（户名王×）用户表计通过"U"形环短接供电表计表尾相线进出线，致使表计少计量，现场通过钳形电流表测负荷，进线电流约为 16.8A，表计计量电流为 8.6A，测算少计量 46.81%。用电检查过程全程录像，并对"U"形环短接处进行拍照。

经核查，按该用户合同容量，依据少计量的 46.81% 电能进行计算，得出少计量 4.2129kW。因用户窃电时间无法查明，窃电日数以一百八十天计算，每日窃电时间以照明用户按 6 小时计算，用户电价按照居民合表电价 0.568 元/kW·h 进行计算，得出该户应补交电费 2584.4 元，违约使用电费 7753.2 元，合计 10337.6 元。

8 月 26 日，供电公司工作人员向该户送达《追补电费、违约使用电费缴纳通知单》并要求其签字，该用户不予认可并拒绝签字且态度极其恶劣。当天，工作人员报警，警方到场后告知双方可通过法院解决此事。工作人员根据规定于当晚对该户采取停电措施。因该户家中无电，其私自接电至邻居家继续用电，供电公司得知后立即告知该邻居私自转供电系违约用电行为应当立即停止，并成功劝阻。因该问题表计用户家中无电，其于 9 月 1 日至营业厅补交电费及违约金共计 10337.6 元，并签署《追补电费、违约使用电费缴纳通知单》《窃电电量及追补违约使用电费的处理确认书》《窃电电量及追补违约使用电费的声明书》。后因该户不满收取违约电费 7753.2 元提起诉讼并要求供电公司公开赔礼道歉。

二、审理过程

本案经法院一审审理结案。

法院审理查明，被告用电检查人员对原告计量电能表计进行检查时，发现原告表计通过 U 形环短接供电表计表尾相线进出线，致使表计少计量。2022 年 8 月 19 日，被告向原告出具书面通知，确认其存在 U 形环短接，属绕越供电企业计量装置用电行为。8 月 26 日，被告向原告出具《追补电费、违约使用电费缴纳通知单》。9 月 1 日，原告在《窃电电量及追补违约使用电费的处理确认书》中签字并缴纳补交电费及违约使用电费共计 10337.6 元。

法院审理认为，供用电合同是供电人向用电人供电，用电人支付电费的合同。用电人应当按照国家有关规定和当事人约定合法用电并缴纳电费，违约用电者应承担相应的法律责任。根据《民法典》第六百五十五条规定，本案中，在原告家的电能表上存在违规接线，造成电能表计量少于实际供电量，被告供电公司依照《供电经营规则》对原告进行处理并无不当。对于原告诉求，其未提供合法有效的证据，本院不予支持，判决驳回原告诉讼请求。

三、 法律分析

（一） 对于开展反窃电工作的调查取证建议

因窃电行为同时触及刑事及民事法律关系，供电公司在进行检查窃电工作时，应提前邀约警方实现警企联动开展窃电查处行动，一方面打击制止违法犯罪行为，另一方面维护公司合法权益。

若前期未获得警方协助，供电公司在单方开展窃电查处行动时，应当两人以上并随身携带工作证件，对窃电现场及查处过程全程录音录像并对窃电装置、电能表信息等进行拍照取证。查获现场后，工作人员应当及时报警并通知小区物业（或居委会、村委会）以及窃电用户，过程中做好通话录音。工作人员应当向窃电用户送达《违章用电通知书》并要求其签字，若用户拒绝签字，则应对送达过程录音录像。

（二） 对于补交电费及违约使用电费金额的法律分析

就补交电费而言，对于能够查明或证明窃电电量的，应当按实际窃电量计算补交电费；若窃电电量、窃电时间等无法查明，则应按照原《供电营业规则》第一百零三条（新《供电营业规则》第一百零五条）进行处理。

就违约使用电费而言，根据原《供电营业规则》第一百零二条规定，窃电者应按所窃电量补交电费，并承担补交电费三倍的违约使用电费（新《供电营业规则》第一百零三条修改为"不高于应补交电费的三倍"）。对于该三倍违约电费的规定，其与现行民事违约责任相比有较大差异，但并不影响其现实适用的合理性。就现行民事违约责任而言，依据《民法典》及相关司法解释，违约金不应超过造成损失的30％，其背后立法意图系认为民事违约金以弥补损失为主并兼具惩罚功效。但对于三倍违约电费，因窃电行为本质上属于刑法规定的盗窃行为，该行为主观恶性及法益侵害较大且对社会生活带来不良影响，故三倍违约使用电费主要体现惩罚性效果。结合刑法谦抑性原则，在对窃电人不追究刑事责任的情况下，适用三倍违约电费追究其民事责任是合理的。

四、 启示建议

本案中，法院支持了供电公司三倍违约使用电费事项，驳回原告全部诉讼请求，最终供电公司胜诉。供电公司虽未找到该户的供用电合同原件，但结合公司就该户的系统信息以及其电费缴纳记录，可以认定双方存在事实供用电关系，为后续收取违约电费及相关规定的适用创造了前提条件。

五、 相关法条

1. 《民法典》

第六百五十五条 用电人应当按照国家有关规定和当事人的约定安全、节约和计划用电。用电人未按照国家有关规定和当事人的约定用电，造成供电人损失的，应当承担赔偿责任。

2.《电力供应与使用条例》

第三十一条 禁止窃电行为。窃电行为包括：

（一）在供电企业的供电设施上，擅自接线用电；

（二）绕越供电企业的用电计量装置用电；

（三）伪造或者开启法定的或者授权的计量检定机构加封的用电计量装置封印用电；

（四）故意损坏供电企业用电计量装置；

（五）故意使供电企业的用电计量装置计量不准或者失效；

（六）采用其他方法窃电。

3.《供电营业规则》

第一百零三条 禁止窃电行为。窃电行为包括：

（一）在供电企业的供电设施上，擅自接线用电；

（二）绕越供电企业用电计量装置用电；

（三）伪造或者开启供电企业加封的用电计量装置封印用电；

（四）故意损坏供电企业用电计量装置；

（五）故意使供电企业用电计量装置不准或者失效；

（六）采用其他方法窃电。

第一百零四条 供电企业对查获的窃电者，应当予以制止并按照本规则规定程序中止供电。窃电用户应当按照所窃电量补交电费，并按照供用电合同的约定承担不高于应补交电费三倍的违约使用电费。拒绝承担窃电责任的，供电企业应报请电力管理部门依法处理。窃电数额较大或情节严重的，供电企业应当提请司法机关依法追究刑事责任。

第一百零五条 能够查实用户窃电量的，按已查实的数额确定窃电量。窃电量不能查实的，按照下列方法确定：

（一）在供电企业的供电设施上，擅自接线用电或者绕越供电企业电能计量装置用电的，所窃电量按照私接设备额定容量（千伏安视同千瓦）乘以实际使用时间计算确定；

（二）以其他行为窃电的，所窃电量按照计费电能表标定电流值（对装有限流器的，按照限流器整定电流值）所指的容量（千伏安视同千瓦）乘以实际窃用的时间计算确定。

窃电时间无法查明时，窃电日数以一百八十天计算。每日窃电时长，电力用户按照十二小时计算、照明用户按照六小时计算。

（作者：王　晨　张宗阳）

第五章

人 身 伤 害

40. 修路线杆要迁改　疏于管理要担责
—— 肖×等诉供电公司等公共道路妨碍通行损害责任纠纷案

一、案情简介

2018 年 9 月 20 日 7 时，受害人柳×驾驶电动四轮车（老年代步车）沿×路逆向行驶时，与该路中段北侧电线杆发生碰撞，造成柳×受伤经抢救无效死亡、车辆损伤的交通事故。经交警部门认定，柳×应承担此事故的全部责任。该事故涉案公路位于×风景管理区。涉案线杆为 1986 年架设于水泥厂家属院内，所有权人为供电公司。后因城市建设发展，电线杆暴露于距人行道 2m 的位置。受害人家属肖×等人遂起诉至人民法院，请求判令各供电公司、×风景区管理委员会赔偿各项损失共计 741595.28 元。

二、审理过程

（一）一审情况

一审法院经审理认为，本案损害属于因公共道路妨碍通行损害纠纷案件，适用原《侵权责任法》第八十九条妨碍通行的侵权责任规定：供电公司作为电线杆的架设、管理和使用者，对电线杆因道路拓宽而位于机动车道路内这一状况疏于管理，使电线杆妨碍道路通行，导致潜在危险的发生，应承担此次事故的主要责任（60%）；×风景管理区管理委员会应对事发路段负责日常养护和管理工作，由于其未尽到管理责任，导致柳×碰杆死亡，承担 10% 赔偿责任；受害人柳×经常在该路段行驶，应知该路段有电线杆，对路况疏于观察，未能保证行车安全，酌定其承担 30% 责任。

（二）二审情况

供电公司、×风景管理区管理委员会均不服一审判决，提起上诉。

二审法院经审理认为，此案属于一般交通事故，适用一般侵权责任。柳×作为经常在该路段行驶的成年人，对路况疏于观察，未能保证安全行车，导致车辆与电线杆相撞，其自身存在重大过错，应承担 40% 主要责任。因涉案线杆架设时间较久，曾在水泥厂院内，该路的建设单位×风景区管理委员会在设计与建设时没有对线杆迁移问题与供电公司协商，造成涉案线杆在该路修成后暴露在机动车道上，应承担 30% 责任。供电公司作为线杆所有权人，在日常维护中应当有安全巡查义务，但是在×路建成后的几年中一直未就涉案线杆妨碍通行及存在安全隐患向施工单位及某管委会下发整改通知，也应当承担 30% 责任。

三、法律分析

（一）涉案电线杆是否适用原《侵权责任法》"妨害通行"之规定

一审判决适用了原《侵权责任法》第八十九条妨害通行的侵权责任之规定，

此条法律规定对于妨害通行的物品的由来有明确的定位，即有关单位或个人将物品以堆放、倾倒、遗撒的方式放置在公共道路上，从而导致通行的人员和车辆受损的情况之下的责任归属，但本案中的涉案电线杆既不是堆放在×路上也不是被倾倒和遗撒在×路上，它是本来就架设于涉案道路之上，其架设甚至是早于涉案道路的修建，是固定的不可移动的物品，鉴于此条法律规定并没有将架设在道路上的电线杆这种"固定建筑架设"的方式列为与"堆放、倾倒、遗撒"共同并列的侵权方式，因而一审判决适用原《侵权责任法》第八十九条显然有误。本案是受害人自己主动撞向电线杆，非公共道路上堆放、倾倒、遗撒妨碍通行的物品造成他人损害的情形。供电公司主张本案属于交通事故人身损害赔偿纠纷，适用过错责任归责原则。受害人柳×驾驶电动四轮车未按照操作规范安全、文明驾驶、对路面情况观察不清、未实行右侧通行，其自身存在重大过错，应承担主要责任。

（二） 修路引发迁改的电力线路由谁承担责任

依据过错责任原则，×风景区管委会系该路的管理单位，未尽到管理职责，应当承担相应责任。根据《河南省供用电条例》第三十五条、《电力设施保护条例》第十四条和第二十二条的规定，在修筑道路的过程中对于需要迁移的线杆，应本着"谁申请，谁收益，谁出资"的基本原则，由道路的建设单位主动向供电公司申请移杆后，供电公司才能对线杆进行迁移。该路的建设单位在设计与建设时没有对线杆迁移问题与供电公司协商，造成涉案线杆在该路修成后暴露在机动车道上，应承担相应的管理责任。

根据《电力法》第十九条的规定，供电公司作为线杆的架设、管理、使用者，在日常维护中应当有安全巡查义务。供电公司未采取足够的安全防护措施来预防事故的发生且在道路情况变更后未及时向建设单位下发整改通知书，应当承担相应的侵权责任。

四、 启示建议

因电力线杆位于机动车道上或人行道上，引发交通事故致人死伤的情况，在公司系统内比较典型。因城市发展导致道路情况发生变化，从而使得符合架设标准的电力设施妨碍道路交通。供电线路的维护、迁改成本较大且具有复杂性和不可预测性，在客观上不能及时顺应变化，对供电公司生产经营产生了一定的风险。

首先，应按照相关法律法规和规程规定设计和架设相关电力设施，严格履行竣工验收程序；其次，对线路图纸、竣工资料等进行妥善保管，以备诉讼举证；再次，对于正在施工的道路，发现隐患后，及时向施工单位或者建设方下发隐患通知书；最后，要加强对线路的巡视，及时发现安全隐患，通过加装防撞墩、防撞条等有效警示措施，减轻了事故发生时的人身伤害与设施损害，实现风险可控。

五、 相关法条

1.《民法典》

第一千二百五十六条 在公共道路上堆放、倾倒、遗撒妨碍通行的物品造成他人损害的，由行为人承担侵权责任。公共道路管理人不能证明已经尽到清理、防护、警示等义务的，应当承担相应的责任。

2.《电力法》

第十九条 电力企业应当加强安全生产管理，坚持安全第一、预防为主的方针，建立、健全安全生产责任制度。电力企业应当对电力设施定期进行检修和维护，保证其正常运行。

第五十五条 电力设施与公用工程、绿化工程和其他工程在新建、改建或者扩建中相互妨碍时，有关单位应当按照国家有关规定协商，达成协议后方可施工。

3.《电力设施保护条例》

第十四条 任何单位或个人，不得从事下列危害电力线路设施的行为：

（一）向电力线路设施射击；

（二）向导线抛掷物体；

（三）在架空电力线路导线两侧各 300 米的区域内放风筝；

（四）擅自在导线上接用电器设备；

（五）擅自攀登杆塔或在杆塔上架设电力线、通信线、广播线，安装广播喇叭；

（六）利用杆塔、拉线作起重牵引地锚；

（七）在杆塔、拉线上拴牲畜、悬挂物体、攀附农作物；

（八）在杆塔、拉线基础的规定范围内取土、打桩、钻探、开挖或倾倒酸、碱、盐及其他有害化学物品；

（九）在杆塔内（不含杆塔与杆塔之间）或杆塔与拉线之间修筑道路；

（十）拆卸杆塔或拉线上的器材，移动、损坏永久性标志或标志牌；

（十一）其他危害电力线路设施的行为。

第二十二条 公用工程、城市绿化和其他工程在新建、改建或扩建中妨碍电力设施时，或电力设施在新建、改建或扩建中妨碍公用工程、城市绿化和其他工程时，双方有关单位必须按照本条例和国家有关规定协商，就迁移、采取必要的防护措施和补偿等问题达成协议后方可施工。

4.《电力供应与使用条例》

第十八条 因建设需要，必须对已建成的供电设施进行迁移、改造或者采取防护措施时，建设单位应当事先与该供电设施管理单位协商，所需工程费用由建设单位负担。

5.《河南省供用电条例》

第三十五条 城乡建设、改造涉及电力设施迁移、拆除的，建设单位应事先告知电力设施产权人，并对需要迁移、拆除的电力设施以及其他相关费用予以补偿。

（作者：郑　勇　刘欣阳）

41. 用电维修不谨慎　责任承担难划分
—— 田×诉供电公司一般人身损害纠纷案

一、　案情简介

2019 年 3 月 5 日上午，县城区居民田×因自家家用剩余电流动作保护器（漏电保护器）经常跳闸，无法正常使用，向供电公司城区供电所打电话报修（涉案电力设施非公司产权，产权属于用户田×）。供电所指派工作人员祁×到现场检修，祁×更换了田×的剩余电流动作保护器后，田×家仍没有电，祁×即安排田×找梯子到楼下单元过道处，查看公用电能表箱处分路开关是否跳闸，电能表是否有电。田×按祁×的安排找来梯子爬到单元楼平台上查看电能表时，从二楼平台摔到地上（未受到电击），造成原告田×头部及身体严重损伤。田×向法院提起诉讼，请求法院判决供电公司和工作人员祁×承担本案诉讼费用并赔偿原告的各项损失共计 868398.77 元。

二、　审理过程

（一）　一审情况

一审法院经审理认为，祁×作为专业电工，本应由其亲自检查电能表箱处开关，而安排没有电力知识的原告田×找梯子查看电能表箱处开关，是导致田×从二楼平台摔到地上的主要原因，由此判处被告供电公司承担 70% 责任，赔偿原告田×各项损失 678336.80 元；祁×作为供电公司的员工，其系职务行为，无需承担责任；以田×作为完全民事行为能力人，明知自己没有电力专业知识，应当预见损害结果的发生，但其未尽到安全注意义务，导致其从二楼平台摔到地上，对造成的损害后果也有过错，应当减轻被告的赔偿责任，判处原告承担 30% 责任。

（二）　二审情况

供电公司不服一审判决，提起上诉，认为一审原告漏列诉讼主体（涉案梯子所有者），导致法院审理程序违法；法院认定祁×安排了田×找梯子证据不足；祁×为田×义务帮工维修更换剩余电流动作保护器，不存在任何过错，不需要承担被帮工人田×的任何民事赔偿责任；法院判决责任划分不当，赔偿比例过高，部分赔偿标准依据错误。

二审法院经审理查明的事实与一审一致，认定一审判决认定事实清楚、适用法律正确。判决驳回上诉，维持原判。

三、　法律分析

（一）　原告损害后果与被告是否存在因果关系

法院认为，祁×作为专业电工和某供电公司的工作人员，在客户报修的情形下，其为田×家检修电器电路系职务行为。但其本应亲自检查电能表箱、亲自操控推拉开关，而安排没有电力知识的原告田×找梯子查看电能表箱、推开关，是导致田×从二楼平台摔到地上的主要原因。民法上的因果关系指的是违反民事义务的行为与损害后果之间的因果关系。虽然供电公司工作人员是义务去为用户更换用户家的剩余电流动作保护器，但该行为与田×在梯子上查看电能表的行为没有直接因果关系，田×去查看电能表的原因是供电公司工作人员指示用户去查看电能表的行为。

（二） 无偿帮工法律行为分析

田×电话请求供电公司为其维修供电线路，但根据原《供电营业规则》第四十七条的规定：供电设施的运行维护管理范围，按产权归属确定。公用低压线路供电的，以供电接户线用户端最后支持物为分界点，支持物属供电企业。因此，供电公司只对表箱以上的线路有维护管理职责，电能表以下的电力设施产权属于用户。

供电公司职工祁×到达现场后，对不属于供电公司公用供电设施的田×家用供电线路进行了维修。根据《最高人民法院关于人身损害赔偿若干问题的司法解释》第十三条、第十四条，原《侵权责任法》第三十五条规定，这种行为属于无偿帮工法律关系。公司职工祁×为田×义务维修家用供电线路，属于无偿帮工人，田×属于被帮工人。田×在被帮工过程中，因自身过错造成自身损害，损害后果由接受劳务一方自行承担，帮工人无需承担任何责任。但田×去查看电能表的行为已超越用户侧更换剩余电流动作保护器工作，查看电能表的行为属于电源侧检修，该行为属供电公司检修工作范围，因此已超越义务帮工范围。

田×作为一个完全民事行为能力人，明知自己没有电力专业知识，应当预见到爬梯子上平台查看电能表箱、推开关存在有危险，可能会对自己造成危害，但其放任危害的发生，在其上梯子查看电能表箱推开关的过程中，未尽到安全注意义务，导致其从二楼平台摔到地上，对造成的损害后果其自身有一定过错，因此法院判定其承担30％责任。

四、 启示建议

（一） 明晰电力设施产权， 按产权进行维护管理

实务中存在部分用户档案资料不全，供用电合同签订不完整的现象，导致产权分界点不明确，发生纠纷时无法确定双方的权利义务关系和法律关系，不能有效维权，此种情况下司法裁判往往对供电企业十分不利。电力企业和用户应当依法签订《供用电合同》，明确供用电双方的产权分界点、维护管理责任和事故责任等重要条款，从而有利于确定电力设施上发生触电事故的侵权主体。对不属于供电公司产权范围内的维修事项应当明确拒绝，告知其出现故障应当选聘有电工资质的专业人员进行维修，以免产生法律风险。

（二） 进一步规范工作人员维修流程

持续规范维修服务流程，出现用电故障，首先检查双方是否存在供用电合同关系，

再进行安全维修。对属于供电企业延伸服务范围的用户侧检修工作，建议在此种情况下，工作人员应佩戴工作记录仪，全程录音录像，向用户明确告知供电公司对于产权范围外的维修事项没有维修责任和义务，其应当选聘有电工资质的专业人员进行维修，若其执意要求帮忙，供电公司工作人员的帮助行为属于无偿帮工，若出现财产损失、人身伤害，供电企业、工作人员不承担任何责任。

五、 相关法条

1.《民法典》

第一千一百九十一条　用人单位的工作人员因执行工作任务造成他人损害的，由用人单位承担侵权责任。用人单位承担侵权责任后，可以向有故意或者重大过失的工作人员追偿。劳务派遣期间被派遣的工作人员因执行工作任务造成他人损害的，由接受劳务派遣的单位承担侵权责任。劳务派遣单位有过错的，承担相应责任。

2.《最高人民法院关于审理人身损害赔偿案件适用法律若干问题的解释》

第四条　无偿提供劳务的帮工人，在从事帮工活动中致人损害的，被帮工人应当承担赔偿责任。被帮工人承担赔偿责任后向有故意或者重大过失的帮工人追偿的，人民法院应予支持。被帮工人明确拒绝帮工的，不承担赔偿责任。

第五条　无偿提供劳务的帮工人因帮工活动遭受人身损害的，根据帮工人和被帮工人各自的过错承担相应的责任；被帮工人明确拒绝帮工的，被帮工人不承担赔偿责任，但可以在受益范围内予以适当补偿。帮工人在帮工活动中因第三人的行为遭受人身损害的，有权请求第三人承担赔偿责任，也有权请求被帮工人予以适当补偿。被帮工人补偿后，可以向第三人追偿。

3. 原《供电营业规则》

第四十七条　供电设施的运行维护管理范围，按产权归属确定。责任分界点按下列各项确定：（1）公用低压线路供电的，以供电接户线用户端最后支持物为分界点，支持物属供电企业。（2）10kV 及以下公用高压线路供电的，以用户厂界外或配电室前的第一断路器或第一支持物为分界点，第一断路器或第一支持物属供电企业。（3）35kV 及以上公用高压线路供电的，以用户厂界外或用户变电站外第一基电杆为分界点。第一基电杆属供电企业。（4）采用电缆供电的，本着便于维护管理的原则，分界点由供电企业与用户协商确定。（5）产权属于用户且由用户运行维护的线路，以公用线路分支杆或专用线路接引的公用变电站外第一基电杆为分界点，专用线路第一基电杆属用户。

第二款　在电气上的具体分界点，由供用双方协商确定。

（作者：贾　蓓）

42. 车辆使用不规范　交通事故难划责

—— 魏×诉供电公司等交通事故争议纠纷案

一、 案情简介

2018 年 7 月 18 日 20 时 20 分许，被告赵×驾驶小型普通客车由东向西行驶时，与由西向东行驶、贾×驾驶的四轮电动车发生事故，后又与道路上魏×驾驶的两轮电动车发生事故，造成车辆损坏、魏×受伤的交通事故。后县公安局交通管理大队作出道路交通事故认定书，认定被告赵×负事故的主要责任，原告魏×负事故次要责任，贾×不承担责任。被告赵×驾驶的小型普通客车的所有人为被告供电公司，该车在被告保险公司投保有交强险、责任限额为 50 万元的商业三者险且不计免赔，事故发生在保险期间。被告赵×系供电公司劳务派遣员工，在下班归还单位车辆过程中与原告魏×发生交通事故。

二、 审理过程

原告魏×向人民法院提起诉讼，要求依法判令被告赔偿原告魏×各项经济损失共计 388514 元。

一审审理后，保险公司在商业保险和交强险范围内赔偿，供电公司承担补充赔偿责任，驳回原告魏×的其他诉讼请求。一审判决后均未上诉。

三、 法律分析

《民法典》第一千一百九十一条第二款规定："劳务派遣期间，被派遣的工作人员因执行工作任务造成他人损害的，由接受劳务派遣的用工单位承担侵权责任；劳务派遣单位有过错的，承担相应的责任。"

本案中，被告赵×作为被派遣的工作人员在下班归还供电公司车辆过程中与原告魏×发生交通事故并造成原告魏×受伤，被告赵×系"执行工作任务期间造成他人损害"，故应当由接受劳务派遣的用工单位被告供电公司承担侵权责任。被告供电公司无法证明劳务派遣单位对本案交通事故的发生存在过错，故劳务派遣单位对原告魏×的损失不承担侵权责任。

四、 启示建议

（1）要清楚认识到劳务派遣用人形式的特点。劳务派遣的用人形式不同于一般的用人单位，劳务派遣单位虽然与被派遣的员工签订了劳动合同，但不对被派遣员工进行使用和具体的管理。在劳务派遣期间，被派遣的工作人员是为接受劳务派遣的用工单位工作，接受用工单位的指示和管理，同时由用工单位为被派遣的工作人员提供相应的劳动条件和劳动保护，所以，被派遣的工作人员因工作造成他人损害的，其责任应当由用工单位承担。

（2）要加强公务用车管理。根据公司管理制度，赵×非供电公司正式员工，无用车权利，赵×所在供电所在公务车辆的管理和使用上存在一定的疏漏，若赵×所在供电所在公务车辆的管理和使用上能够严格履行公司管理制度，则在一定程度上也能够避免本案交通事故的发生。

建议：①要加强被派遣的工作人员的日常管理和教育，避免因被派遣的工作人员的自身的过失使公司承担不必要的赔偿责任；②要加强公务用车管理，规范用车流程，严格做好痕迹化管理，避免同类事件再次发生。

五、 相关法条

1.《道路交通安全法》

第七十六条 机动车发生交通事故造成人身伤亡、财产损失的，由保险公司在机动车第三者责任强制保险责任限额范围内予以赔偿；不足的部分，按照下列规定承担赔偿责任：

（一）机动车之间发生交通事故的，由有过错的一方承担赔偿责任；双方都有过错的，按照各自过错的比例分担责任。

（二）机动车与非机动车驾驶人、行人之间发生交通事故，非机动车驾驶人、行人没有过错的，由机动车一方承担赔偿责任；有证据证明非机动车驾驶人、行人有过错的，根据过错程度适当减轻机动车一方的赔偿责任；机动车一方没有过错的，承担不超过百分之十的赔偿责任。

2.《保险法》

第六十五条 保险人对责任保险的被保险人给第三者造成的损害，可以依照法律的规定或者合同的约定，直接向该第三者赔偿保险金。

3.《民法典》

第一千一百六十五条 【过错责任原则与过错推定责任】行为人因过错侵害他人民事权益造成损害的，应当承担侵权责任。依照法律规定推定行为人有过错，其不能证明自己没有过错的，应当承担侵权责任。

第一千一百七十九条 【人身损害赔偿范围】侵害他人造成人身损害的，应当赔偿医疗费、护理费、交通费、营养费、住院伙食补助费等为治疗和康复支出的合理费用，以及因误工减少的收入。造成残疾的，还应当赔偿辅助器具费和残疾赔偿金；造成死亡的，还应当赔偿丧葬费和死亡赔偿金。

第一千一百八十四条 【财产损失的计算】侵害他人财产的，财产损失按照损失发生时的市场价格或者其他合理方式计算。

第一千一百八十三条 【精神损害赔偿】侵害自然人人身权益造成严重精神损害的，被侵权人有权请求精神损害赔偿。因故意或者重大过失侵害自然人具有人身意义的特定物造成严重精神损害的，被侵权人有权请求精神损害赔偿。

第一千一百九十一条 【用人单位责任和劳务派遣单位、劳务用工单位责任】用人单位的工作人员因执行工作任务造成他人损害的，由用人单位承担侵权责任。

用人单位承担侵权责任后，可以向有故意或者重大过失的工作人员追偿。

劳务派遣期间，被派遣的工作人员因执行工作任务造成他人损害的，由接受劳务派遣的用工单位承担侵权责任；劳务派遣单位有过错的，承担相应的责任。

第一千二百零八条 【机动车交通事故责任的法律适用】机动车发生交通事故造成损害的，依照道路交通安全法律和本法的有关规定承担赔偿责任。

（作者：胡晨辉）

43. 标识管理需加强　意外摔倒担责任
—— 张×诉供电公司生命权、身体权、健康权纠纷案

一、案情简介

2022 年 9 月 21 日，原告张×在文化路人行道上由北向南行走时突然摔倒，经调取的监控视频显示及证人证言陈述，原告摔倒的地方设置有供电公司的电力电缆提示牌，该提示牌系告知地下预埋电缆，现已经损坏，只露出固定提示牌的一小段钢柱，原告在经过该地方时被钢柱绊倒后造成右侧髋骨骨折。原告在绊倒后自行在药店购买活血化瘀的药物及膏药卧床治疗，后因伤势并未减轻到医院检查，经诊断为右侧髋骨骨折，住院治疗 29 天，花费医疗费 2711.87 元，诉至法院要求供电公司承担侵权赔偿责任。

二、审理过程

（一）一审情况

一审法院经审理认为，行为人因过错侵害他人民事权益造成损害的，应当承担侵权责任。被告供电公司作为经营者及管理者应履行安全保障义务。应当对损坏的电力电缆提示牌采取及时的修复更换，故对原告的损伤存在过错，应承担赔偿责任。判决被告供电公司赔偿原告张×医疗费、护理费等共计 9024.59 元；驳回原告张×的其他诉讼请求。

（二）二审情况

供电公司不服一审判决提起上诉，二审法院经审理认为，根据原审庭审中出庭证人何×证言及王×出具的证言，并结合案发现场的视频资料，可以认定张×系被供电公司管理的电力电缆提示牌绊倒的事实。供电公司对此虽有异议，但并未提交充分有效证据证明其主张，其该上诉理由本院不予采信。根据张×原审陈述治疗过程、维权过程、提交就医的相应证据及查明张×被绊倒的相关事实，可认定供电公司未尽到相应安全保障义务，其行为与张×损害后果之间存在因果关系，其应当对张×相应损失进行赔偿。故判决驳回上诉，维持原判。

三、法律分析

（一）安全保障义务的适用

原告被供电公司设置的电力线路提示牌下钢柱绊倒，造成其倒地受伤，供电公司作为电力线路提示牌下钢柱的经营者及管理者负有安全保障义务，应当对损坏的电力线路提示牌采取及时的修复更换，损坏的电力线路提示牌与张×的损害后果之间存在因果关系，供电公司应承担侵权责任。法院据此判决供电公司承担赔偿责任，具有法律依据。

（二）本案侵权责任应由谁承担举证责任

安全保障义务属一般侵权责任，根据"谁主张、谁举证"原则应由张×承担举

证责任，当事人的举证责任，应当是对积极的主张承担举证责任，对消极的、没有发生的事实不负举证责任。张×应对供电公司设置的电力线路提示牌下的钢柱（提示牌脱落后导致钢柱裸露在外）与自己的侵权损害结果之间的因果关系承担举证责任。

四、 启示建议

供电公司对于电力线路提示牌下的钢柱等电力设施负有安全保障义务，要加强对道路上的电力设施等定期巡视，及时发现安全隐患并及时进行修复或采取保护措施，对于损坏的电力线路设施等加装防撞墩或及时进行维护，确保有效警示提示，加强事故发生时对当事人和供电设施的防护。

五、 相关法条

1. 《民事诉讼法》

第六十七条　当事人对自己提出的主张，有责任提供依据。

当事人及其诉讼代理人因客观原因不能自行收集的证据，或者人民法院认为审理案件需要的证据，人民法院应当调查收集。

2. 《最高人民法院关于适用〈中华人民共和国民事诉讼法〉的解释》

第九十条　当事人对自己提出的诉讼请求所依据的事实或者反驳对方诉讼请求所依据的事实，应当提供证据加以证明，但法律另有规定的除外。

在作出判决前，当事人未能提供证据或者证据不足以证明其事实主张的，由负有举证证明责任的当事人承担不利的后果。

第九十一条　人民法院应当依照下列原则确定举证证明责任的承担，但法律另有规定的除外：

（一）主张法律关系存在的当事人，应当对产生该法律关系的基本事实承担举证证明责任；

（二）主张法律关系变更、消灭或者权利受到妨害的当事人，应当对该法律关系变更、消灭或者权利受到妨害的基本事实承担举证证明责任。

3. 《民法典》

第一千零四条　自然人享有健康权。自然人的身心健康受法律保护。任何组织或者个人不得侵害他人的身体权。

第一千一百六十六条　行为人造成他人民事权益损害，不论行为人有无过错，法律规定应当承担侵权责任的，依照其规定。

第一千一百七十九条　侵害他人造成人身损害的，应当赔偿医疗费、护理费、交通费、营养费、住院伙食补助费等为治疗和康复支出的合理费用，以及因误工减少的收入。造成残疾的，还应当赔偿辅助器具费和残疾赔偿金；造成死亡的，还应当赔偿丧葬费和死亡赔偿金。

第一千一百九十八条　宾馆、商场、银行、车站、机场、体育场馆、娱乐场所等经营场所、公共场所的经营者、管理者或者群众性活动的组织者，未尽到安全保障义务，造成他人损害的，应当承担侵权责任。

因第三人的行为造成他人损害的，由第三人承担侵权责任；经营者、管理者或者组织者未尽到安全保障义务的，承担相应的补充责任。经营者、管理者或者组织者承担补充责任后，可以向第三人追偿。

（作者：李芳芳）

第六章

电 网 建 设

44. 关键证据扭局面　据理力争终胜诉

—— 陈×诉供电公司财产损害赔偿纠纷案

一、案情简介

原告陈×系×村居民，其于 2003 年 12 月 27 日办理集体土地使用证。2004 年左右，原告陈×在该块土地上建设一处坐南朝北两间偏房及坐东朝西三间主房。2011 年 9 月"××县 220kV 变 110kV 送出工程线路路径协议"经县人民政府相关部门审批通过，供电公司开始在原告陈×房屋北侧架设 110kV 线路剖接工程。原告陈×宅基地位于案涉高压线路 3～4 号杆塔之间，该线路距离原告陈×坐南朝北的两间偏房最近距离为 12.20～12.50m。案涉高压线路，供电公司为产权单位。原告陈×认为该线路影响其建房和生活，造成损失并导致其家庭收入减少，故请求法院判决供电公司赔偿其各项损失共计 18 万元，并承担本案的诉讼费。

二、审理过程

本案经过一审、二审、重审一审、再审共四次审理，最终判决供电公司胜诉。

（1）一审情况。一审法院认定案涉高压线路通过陈×宅基地西北角，该高压线与陈×邻近××路的部分宅基地垂直距离小于 10m，致使其无法建房和进行其他生产活动。陈×在高压线架设前，已购买了砖头等建筑材料用于建房，现因高压线通过其宅基地的上方，导致其无法建房，损害了其居住权利。判决供电公司赔偿原告损失 40000 元。

（2）二审情况。供电公司不服一审判决，以"陈×的《集体土地使用证》证载使用面积有明显涂改，应为 159.50m² 而绝非 259.50m²，一审法院认定事实错误；一审法院依陈×宅基地旁边西北角空地与高压线垂直距离小于 10m 而认定上诉人损害了陈×的居住权利，属于对法律的错误理解与适用；一审法院判决上诉人赔偿陈×40000 元没有任何依据"为上诉理由，上诉至市中级人民法院。

二审法院认定"陈×提交的集体土地使用证关于使用权面积系私自更改，实际使用面积应为 159.5m²，上诉人所建高压线是否经过陈×的宅基地并对其造成损害，一审法院未审理查明，属事实不清"。裁定撤销原一审判决，发回县人民法院重审。

（3）重审情况。经县人民法院重审认定"陈×提交的《集体土地使用证》使用权面积为 259.50m²（其中"259.50m²"中的"2"有改动），该块土地南北 14.50m，东西 14m。县自然资源局于 2022 年 2 月 14 日出具情况说明证明陈×集体土地使用证显示南北 14.50m 和东西 14m，现状为陈×实际东西占用 18.70m 和南北 20m。同时县不动产登记中心出具证明陈×土地使用证面积为 159.50m²，根据

《民法典》第二百一十七条的规定，结合现场勘验笔录和县自然资源局出具的陈×房屋北侧和高压线最近距离间距为12.50m及110kV高压线经过线路不在陈×土地使用证范围内的证明，同时依照《电力设施保护条例》第十条的规定，本案中所架设的高压线为110kV，高压线保护区为10m，该110kV高压线路通过原告陈×宅基地以外的西北角，没有阻碍陈×建房和进行其他生产活动。另外陈×未提供因被告架设110kV高压线造成其损失的相关证据"。重审法院判决驳回原告的诉讼请求，原告未上诉，该重审一审判决生效。

（4）再审情况。陈×在该重审一审判决生效后，向中院申请再审，中院认为"陈×的再审申请不符合《中华人民共和国民事诉讼法》（以下简称《民事诉讼法》）第二百零七条规定的情形"，裁定驳回陈×再审申请。

三、法律分析

（一）供电公司的高压线路未损害陈×的居住权利

根据《电力设施保护条例》第十条规定，架空电力线路保护区是指导线边线向外侧水平延伸并垂直于地面所形成的两平行面内的区域，35～100kV的距离为10m。结合本案实际，确认陈×的房屋是否在电力线路保护区内，应当测量高压线外侧与陈×住宅的水平最近距离是否小于10m，而不是测量垂直距离。本案中案涉高压线路距离陈×的偏房最近水平距离为12.20～12.50m，完全符合相关法律法规规定。陈×的集体土地使用证所载的土地使用权面积为259.50m²（其中"259.50m²"中的"2"有改动），实际面积与××县不动产登记中心出具证明陈×土地使用证面积均为159.50m²（南北14.50m，东西14m）。因此，案涉高压线路经过陈×宅基地外的西北角，不在陈×土地使用证以及实际范围之内，并未阻碍陈×建房和进行其他生产活动，供电公司并未损害陈×的居住权利。

（二）陈×的赔偿请求无事实和法律依据

根据《民事诉讼法》第六十七条之规定，当事人对自己提出的主张，有责任提供证据。案涉高压线路未损害陈×的居住权利且陈×未向法院提供其损失的相关证据，应当承担举证不能的不利责任，故陈×的赔偿请求没有事实和法律依据。

四、启示建议

电力线路建设如要跨越已经存在的房屋，必然对现有房屋产权人的相邻权产生一定影响，处理不好，容易引发相邻关系纠纷。建议电力线路建设存在跨越房屋情形时，应本着避免或减少损失的原则，与当事人进行协商，妥善处理好相邻关系。电力线路建设时应严格执行安全距离标准，并在架空电力线路保护区设置安全警示标志。通过多种手段加强对《电力设施保护条例》的宣传，使社会公众了解并自觉遵守电力设施保护的相关规定，避免在电力设施保护区内违章建房。

五、 相关法条

1.《民法典》

第二百一十七条 不动产权属证书是权利人享有该不动产物权的证明。不动产权属证书记载的事项，应当与不动产登记簿一致；记载不一致的，除有证据证明不动产登记簿确有错误外，以不动产登记簿为准。

第三百六十二条 宅基地使用权人依法对集体所有的土地享有占有和使用的权利，有权依法利用该土地建造住宅及其附属设施。

第一千一百六十五条第一款 行为人因过错侵害他人民事权益造成损害的，应当承担侵权责任。

2.《民事诉讼法》

第六十七条 当事人对自己提出的主张，有责任提供证据。

当事人及其诉讼代理人因客观原因不能自行收集的证据，或者人民法院认为审理案件需要的证据，人民法院应当调查收集。

人民法院应当按照法定程序，全面地、客观地审查核实证据。

3.《土地管理法》

第六十二条 农村村民一户只能拥有一处宅基地，其宅基地的面积不得超过省、自治区、直辖市规定的标准。

4.《河南省实施〈土地管理法〉办法》

第五十三条 农村村民一户只能拥有一处宅基地，宅基地的面积按下列标准执行：（一）城镇郊区和人均耕地 $667m^2$ 以下的平原地区，每户用地不得超过 $134m^2$；（二）人均耕地 $667m^2$ 以上的平原地区，每户用地不得超过 $167m^2$；（三）山区、丘陵区每户用地不得超过 $200m^2$，占用耕地的适用本款（一）、（二）项的规定。

5.《电力设施保护条例》

第十条 第一款

电力线路保护区：

（一）架空电力线路保护区：导线边线向外侧水平延伸并垂直于地面所形成的两平行面内的区域，在一般地区各级电压导线的边线延伸距离如下：

1～10kV	5m
35～110kV	10m
154～330kV	15m
500kV	20m

在厂矿、城镇等人口密集地区，架空电力线路保护区的区域可略小于上述规定。但各级电压导线边线延伸的距离，不应小于导线边线在最大计算弧垂及最大计算风偏后的水平距离和风偏后距建筑物的安全距离之和。

6. 《电力设施保护条例实施细则》

第五条 架空电力线路保护区，是为了保证已建架空电力线路的安全运行和保障人民生活的正常供电而必须设置的安全区域。在厂矿、城镇、集镇、村庄等人口密集地区，架空电力线路保护区为导线边线在最大计算风偏后的水平距离和风偏后距建筑物的水平安全距离之和所形成的两平行线内的区域。各级电压导线边线在计算导线最大风偏情况下，距建筑物的水平安全距离如下：

1 千伏以下	1.0 米
1～10 千伏	1.5 米
35 千伏	3.0 米
66～110 千伏	4.0 米
154～220 千伏	5.0 米
220 千伏	6.0 米
500 千伏	8.5 米

（作者：康　敏）

45. 建设赔青不到位　后期清障引纠纷

—— 童×诉供电公司、送变电公司、乡人民政府、村委会财产损害赔偿纠纷案

一、案情简介

原告童×的树林位于 220kV 输电线路"××线"N15～N16 号之间。2018 年 11 月，供电公司根据市政府下发文件《××市人民政府办公室关于严禁在电力线路保护区内违规植树的通知》之规定，结合供电公司下发的树障隐患统计表，组织相关工作人员在当地公安民警协助下，将原告童×所栽的位于 220kV 输电线路"××线"N15～N16 号高压塔间的经济苗木进行截头剪伐 100 余棵。另外，原告童×表示，案涉线路架设时，建设单位送变电公司未对其进行任何补偿。2019 年 1 月，原告首次将供电公司起诉至县人民法院，要求供电公司赔偿其已伐树木损失 81600 元、按市场价收购其剩余树木并按照每年 4 万元的标准补偿其土地产值直至线路迁移。法院驳回其该诉讼请求。

该案件结束后，2019 年 8 月，县供电公司接到上级清理树障通知，再次对原告所栽的经济苗木进行截头剪伐 90 余棵，原告于 2019 年 10 月再次将供电公司、送变电公司、乡人民政府、村委会一并起诉至县人民法院，要求被告赔偿两次剪伐树木 193 棵之损失 154400 元、按市场价收购其线路保护区内的所有树木并按照每年 4 万元的标准补偿其土地产值直至线路迁移。

二、审理过程

（一）第一次起诉

2019 年 1 月，原告首次起诉。一审法院认为：①供电公司的砍伐行为是依法履职行为，不构成侵权，供电公司下发的清障指令系内部管理行为，不应就砍伐承担责任；②原告的损失补偿问题，送变电公司向其下达了不予赔偿告知书，告知原告案涉广玉兰符合安全规范不予赔偿，如后续经测量不满足运行规程要求的，会按照有关补偿标准和童×协商处理砍伐或移植树木事宜。因此，供电公司不是补偿的适格主体，不应承担补偿责任；③除已砍伐部分树木外的其他树木，暂未受到影响，童×要求收购其他树木，补偿土地产值没有事实和法律依据。判决驳回原告诉讼请求。

原告童×不服，提起上诉。二审期间经法官主持调解，原告同意庭下与供电公司达成和解，并当庭提出撤回上诉申请，一审判决书生效。但在庭下协商期间，因原告对补偿金额要求过高，供电公司未与原告达成和解。

（二）第二次起诉

2019 年 10 月，原告童×第二次提起诉讼，被告变更为供电公司、送变电公司、乡人民政府、村委会。一审法院判决驳回了原告全部诉讼请求，判决理由与第一次

起诉大致相同。同时，因童×第二次起诉标的内含有第一次起诉标的，构成重复起诉。

童×不服提起上诉，二审法院判决驳回了童×全部上诉请求。

2020年7月，童×向省高级人民法院提出再审申请。省高院经审查后作出裁定，认为童×的树木种植在先，供电公司的线路建设在后，供电公司的砍伐行为给童×造成了一定经济损失，童×请求赔偿损失的请求于法有据，指令中级人民法院再审本案。

中级人民法院再审认为，原审判决事实不清、程序违法，撤销原一、二审民事判决，发回县人民法院重审。

重审期间，2021年10月，原告童×变更其诉讼请求为判令被告赔偿原告被砍伐和损毁1520棵树木进行补种或者赔偿、判令被告按市场价格收购高压线路保护区内原告种植的剩余树木并按照每年4万元的标准补偿其土地产值直至线路迁移。县人民法院认为：①原告变更后的"要求被告对原告被砍伐、损毁的1520棵树木进行补种或赔偿"诉讼请求，经法庭释明后仍不能明确；②"要求被告按照每年4万元的标准补偿其土地产值直至线路迁移出原告受影响地块"的请求，因案涉线路系公共基础设施，涉及公共利益，迁移该高压线的要求于法无据，亦不可能得到支持，从而导致原告请求的赔偿时间无法计算，属诉讼不能确定之范畴。判决驳回童×的全部诉讼请求。

童×不服提起上诉，上诉期间再次变更诉讼请求为判令被告赔偿原告被砍伐和损毁的千余棵树木（价值103.36万元），并按照每年4万元的标准补偿其土地产值直至线路迁移。中级人民法院认为，童×变更后的诉讼请求符合案件受理条件，裁定发回县人民法院审理。

重审期间，原告明确其诉讼请求为判令被告赔偿原告被砍伐和损毁的千余棵树木（价值103.36万元），并按照每年4万元的标准补偿其土地产值直至线路迁移，以其承包年限30年计算为120万元，合计223.36万元。县人民法院认为：①是否构成重复起诉的问题，原被告之间协商至今未能达成且原告所遭受的财产损失一直未获得司法救济，故其就本案的诉讼应依法审理；②送变电公司是案涉高压线路的建设单位，具体实施剪伐的供电公司是属地管理维护单位，二被告均是补偿义务的主体，而其他被告因与本案争议缺乏实质关联而不是适格的被告；③上述二被告的行为未构成侵权行为的四大要件，故被告承担的不应当是赔偿责任，而是补偿责任，原告索赔畸高，没有事实及法律依据，法院不予支持。但法院注意到本案纠纷发生以来，经过多次审理，直至省高院裁定启动再审，原告至今未获得补偿，故对其损失应秉持损失填平原则予以实质解决；④关于本案补偿具体数额如何确定的问题，借鉴第一次诉讼时调取的林业部门补偿标准，结合本案实际，酌定为向原告一次性补偿60000元为宜。后期如有树木生长过高，可能发生的修剪、砍伐行为，不再产生赔偿、补偿问题。判处被告供电公司、送变电公司一次性向原告童×补偿60000元，驳回原告的其他诉讼请求。

童×不服提起上诉。上诉期间，童×自行委托鉴定机构对其树木价值进行鉴定（鉴定结果为：委托人共有广玉兰978棵，其中死树599棵、活树379棵，总价值为201245元），并第三次变更诉讼请求为，判令被告赔偿原告被砍伐和损毁的树木损失金额201245元，并按照每年4万元的标准补偿其土地产值直至线路迁移。中级人民法院认为：①本案相关单位应对因修剪、砍伐树木造成上诉人的损失确系应负补偿性质责任；②一审法院未支持童×的鉴定申请并无不妥；③童×自行委托鉴定机构对树木损失进行价格鉴定，鉴定结果与原审案件中主张的棵数193棵以及一审法院现场勘验的166棵并不相符，超出的死树数量是否系因被上诉人修剪、砍伐或受高压线影响所致，上诉人没有证据证明；对于上诉人请求被上诉人对鉴定结论载明的活树价值予以赔偿问题，上诉人亦没有证据证明该请求与被上诉人的修剪、砍伐树木行为存在关联性，故上诉人请求按照其在二审提供的鉴定结论作为树木损失依据的理由不能成立。判处驳回童×的上诉请求，维持原判。

三、 法律分析

（一）关于谁是本案的适格被告的问题

本案原告将供电公司、送变电公司、乡人民政府、村委会多家单位同时起诉至法院。而除了供电公司作为属地管理维护单位、送变电公司作为建设单位之外，根据庭审查明的事实，其他被告与本案争议缺乏实质关联。因此，本案的适格被告为供电公司、送变电公司。

（二）砍伐童×种植的广玉兰树木行为应承担侵权责任还是补偿责任的问题

根据法律分析，侵权责任的构成要件主要有四个，即：违法行为、损害事实、因果关系和主观过错。其中的违法行为，是自然人、法人或其他组织违反法律规定，从而给被侵权人造成损害的行为。具备该构成要件，侵权行为人即应承担侵权赔偿责任。但本案中供电公司根据市人民政府办公室《关于严禁在电力保护区内违规植树的通知》对童×的部分广玉兰树进行了修剪、砍伐，以避免由此引发线路故障，其动机系为了维护社会公共利益，保障正常的生产、生活秩序和社会公共利益的需要，系依法履职，于法有据，本案的法律适用不应当适用侵权赔偿原则，供电公司承担的不应当是赔偿责任，而是补偿责任。电力设施建设单位送变电公司下属的220kV配套送出工程施工项目部于2014年7月2日发出《关于××乡××村N16塔跨越苗圃的告知书》，书面告知原告童×，案涉广玉兰所在的苗圃符合线路安全规范要求不予赔偿，同时告知如线路架通后，经测量树木有不满足运行规程要求的，会按照有关补偿标准和你方协商处理砍伐或移植树木事宜。据本案事实，原告童×种植广玉兰在先，案涉电力线路架设于后。参考电力设施建设单位工程施工项目部2014年7月2日出具的书面告知书，可认定送变电公司是案涉高压线路的建设单位，具体实施剪伐的供电公司作为属地管理维护单位，均是补偿义务的主体。

（三）关于本案补偿具体数额如何确定的问题

在考察相关法律行政法规的规定基础上，根据现场勘验清点案涉电力架空线路两侧15m范围内受影响树木砍伐数量、胸径，第一次诉讼中调取的林业部门补偿标准和当时审理清点所确认的被伐树木数量、结合与各方询价等因素综合确定，补偿金的数额要体现原告个人利益与社会公共利益的平衡，促进电力部门线路清障和其他电力设施保护工作的顺利开展，结合案件实际，法院酌定为向原告一次性补偿60000元为宜。同时，在后期如有树木生长过高，仍可能会发生一定的修剪、砍伐行为，应视为案涉高压架空线路对原告童×种植的广玉兰树已经或以后产生的损失一并处理完毕，不再产生后续赔偿、补偿问题。

四、 启示建议

建设单位在电力设施建设期间未充分考虑到树木生长性，后续可能产生因树木生长导致影响电力设施安全运行，而需对未赔付青苗进行修剪、砍伐的情形，引发侵权赔偿诉讼风险。

建议建设单位在建设初期科学规划线路通道，对通道内具有较强生长性但当前不影响通道建设运行的青苗一并纳入赔付范围，与当地人民政府、村委会签订合规有效的赔青委托合同或协议，载明双方权利义务，以及如因当地政府机关原因遗漏赔偿，导致产权单位、属地管理单位及建设单位被诉的，该政府机关应承担相应责任。

五、 相关法条

1.《电力法》

第五十三条第二款 任何单位和个人不得在依法划定的电力设施保护区内修建可能危及电力设施安全的建筑物、构筑物，不得种植可能危及电力设施安全的植物。在依法划定电力设施保护区前已经种植的植物妨碍电力设施安全的，应当修剪或者砍伐。

2.《电力设施保护条例》

第二十四条第二款 在依法划定的电力设施保护区内种植的或自然生长的可能危及电力设施安全的树木、竹子，电力企业应依法予以修剪或砍伐。

3.《电力设施保护条例实施细则》

第十八条 在依法划定的电力设施保护区内，任何单位和个人不得种植危及电力设施安全的树木、竹子或高秆植物。电力企业对已划定的电力设施保护区域内新种植或自然生长的可能危及电力设施安全的树木、竹子，应当予以砍伐，并不予支付林木补偿费、林地补偿费、植被恢复费等任何费用。

4. 《河南省供用电条例》

第二十七条 在公告明示的电力设施保护区内，新种植物、新建或者扩建建筑物及构筑物，需要砍伐或者拆除的，不予补偿；公告前已有的植物、建筑物及构筑物，按照国家规定的设计规程和技术规范，需要修剪、砍伐或者拆除的，电力设施建设单位应当给予一次性补偿，并依法办理相关手续。

第三十三条 在已划定的架空电力线路保护区内，违法种植的或者自然生长的树木、竹子等高杆植物可能危及电力设施安全的，电力设施产权人应当告知高杆植物产权人或者管理人及时排除障碍；拒不排除的，予以修剪或者砍伐，并不予补偿。

（作者：李鸿媛）

46. 电网建设存瑕疵　诉中协商终化解

—— 石材公司诉供电公司电网建设侵权损害纠纷案

一、案情简介

2019 年 9 月，供电公司建设 220kV××线，事先已征得县国土、规划等部门同意并取得了相关通道协议。后因附近部队提出改变路径要求，供电公司安排设计单位修改该线路路径，但一是受附近部队改变路径要求的影响，线路路径的选择受到极大的限制；二是石材公司采石场附近环境较为复杂，不仅在线路东侧和采石场中间有村庄及零星房屋，紧挨线路西侧有光伏发电、养殖场、垃圾掩埋场及零星房屋，而且线路西侧还有另一家采石场，路径选择也受其制约。最终变更后的部分线路邻近石材公司 2018 年初已取得开采许可的矿区（最近处 270m，相关法规要求最少 300m）且因工期紧张，供电公司未按程序再次取得线路通道协议。该线路建成后，县应急管理局向石材公司出具《责令限期整改指令书》，该公司因此停业并无法取得新的《安全生产许可证》，遂将供电公司诉至法院，要求停止侵权、排除妨碍，并自侵权之日至排除妨碍之日按日均收益 6.6 万元标准赔偿其损失。

二、审理过程

经过诉中调解，供电公司与原告达成协议，主要内容为：①供电公司确认涉案线路距矿区距离满足线路安全运行要求，同意原告正常施工作业；②供电公司迁改涉案线路中存在妨碍的个别杆塔至原告矿区边界 300m 外，不影响原告办理安全生产许可证；③供电公司在迁改相关妨碍杆塔过程中，原告协助供电公司进行杆塔占地、青苗赔偿等通道协调工作。协议签订后，原告向县法院申请撤诉。

三、法律分析

（一）供电公司存在侵权行为

（1）依据《民法典》第一千一百六十五条规定"行为人因过错侵害他人民事权益造成损害的，应当承担侵权责任。"因供电公司设计变更，导致：①变更后部分线路邻近石材公司导致 2018 年初取得开采许可的矿区，不满足矿区开采的安全距离要求；②因工期紧张，供电公司未按程序再次取得线路通道协议，确实存在过错。

（2）从案件相关材料上看，原被告权利形成时间为原告在先、被告在后：2018年初，原告石材公司取得了案涉矿区的开采许可证；2019 年 9 月，供电公司建设220kV××线，但因设计线路规划发生变更，建设完工时间更晚。因此，原告石材公司矿区开采权的取得明显早于供电公司线路建成时间。供电公司要依法合规地建设线路，须与原告石材公司协商一致，签订涉案线路通道协议，否则线路建成后存在被法院认定为侵害原告采矿权的风险。因此在本案中，供电公司存在一定的侵权行为。

（二）原告损失与供电公司侵权行为存在因果关系

依据《电力设施保护条例实施细则》第十条"任何单位和个人不得在距电力设施周围 500m 范围内进行爆破作业"等规定，涉案线路建成后，一是县应急管理局认定原告矿区存在严重安全生产隐患，严重影响电力设施安全，向石材公司出具《责令限期整改指令书》，下令原告停止作业；二是因上述原因，原告在原《安全生产许可证》到期后，无法取得新的《安全生产许可证》，导致原告可能产生经营损失甚至无法经营。该损失结果与供电公司变更设计、未按程序取得新的线路通道协议的行为之间存在因果关系，法院极有可能判决供电公司承担侵权责任。

四、启示建议

涉案电力线路规划路径较为特殊，不仅要满足电力设施安全距离要求，还要同时满足附近部队的距离要求和矿区的开采安全距离要求，但供电公司专业部门在设计前期未能全面分析论证并充分考虑各方面因素，导致在顺利取得相关手续后发生了设计变更。

建议在电网工程设计中，电网建设设计专业人员不仅要按照工程建设强制性标准进行设计，对设计安全及质量负责，还应综合考虑外部相关影响因素并提前预判风险，避免发生变更设计、变更施工方案或迁改电力工程的情况。

同时，各单位投资建设专业人员需进一步学习电网建设领域专业知识、相关政策规定及规章制度中关于电网建设审批流程、关键环节手续办理等核心内容，避免因电网建设中的违规情形导致争议或纠纷。

五、相关法条

1.《民法典》

第三百二十九条　依法取得的探矿权、采矿权、取水权和使用水域、滩涂从事养殖、捕捞的权利受法律保护。

第二百三十八条　侵害物权，造成权利人损害的，权利人可以依法请求损害赔偿，也可以依法请求承担其他民事责任。

第一千一百六十五条　行为人因过错侵害他人民事权益造成损害的，应当承担侵权责任。

依照法律规定推定行为人有过错，其不能证明自己没有过错的，应当承担侵权责任。

2.《电力设施保护条例实施细则》

第十条　任何单位和个人不得在距电力设施周围 500m 范围内（指水平距离）进行爆破作业。因工作需要必须进行爆破作业时，应当按国家颁发的有关爆破作业的法律法规，采取可靠的安全防范措施，确保电力设施安全，并征得当地电力设施产权单位或管理部门的书面同意，报经政府有关管理部门批准。

在规定范围外进行的爆破作业必须确保电力设施的安全。

（作者：李梦悦　孙　辉）

47. 线路迁改合规矩　积极举证不担责
—— 实业公司诉供电公司排除妨害纠纷案

一、 案情简介

2009 年年初，原告实业公司陆续租赁部分村民承包的土地，并建筑五层钢构基础、玻璃幕墙的种植大棚。2019 年，原告对上述种植大棚申请为农贸市场建设项目且取得省企业投资项目备案证明，建设规模及内容主要包括种植区、展示销售区和仓储区。案涉线路为电厂异地迁建 220kV 送出工程线路，整体建设由供电公司负责，该工程于 2018 年 3 月 31 日开工，2019 年 11 月 30 日竣工完成，并已投入使用。

后经核实，2018 年 6 月，供电公司与镇人民政府就工程项目施工过程中所涉及的补偿问题签订《关于××有限公司送出工程施工民事补偿协议》，供电公司按照协议支付了相应补偿款。因工程设计单位对原告诉称的种植大棚处理意见为"不拆迁"，故上述协议中的补偿款项不涉及原告种植大棚。

2020 年 6 月 2 日，原告向区人民法院提起诉讼，请求法院判令被告拆除在原告土地上架设的高压线，排除妨害，消除危险，并判令被告赔偿原告各项损失暂计 458 万元及相应利息，本案诉讼费及鉴定费由被告承担。

二、 审理过程

（一）一审情况

2020 年 10 月 27 日，区人民法院作出一审判决，认定案涉供电工程经过立项、规划、审批、施工并验收合格，已投入使用，其各项标准均符合行业规定及国家标准且原告主张被告的架设电线行为致其遭受损失，证据不足，最终判决驳回原告诉讼请求。

（二）二审情况

原告不服，向市中级人民法院提起上诉，后因原告未缴纳诉讼费，法院按照原告撤回上诉处理。

三、 法律分析

（一）案涉线路符合法律标准

案涉线路经政府有关部门批复建设且各项距离均符合行业规定和国家标准。供电公司积极开展证据收集，先后向法院提交市城乡规划局对案涉线路选线规划的批复、政府推进会会议纪要、线路设计图等相关证据，证明案涉线路已取得政府规划部门批复手续。

（二）原告应承担举证不能的责任

原告并未提供有效证据证明其损失与线路架设之间存在因果关系，应承担举证不能的法律后果。本案系侵权责任纠纷，按照《中华人民共和国民事诉讼法》第六十七条规定，当事人对自己提出的主张，有责任提供证据。原告应提供证据证明"被告架设线路致其遭受损失"的事实。但案件审理过程中，原告仅提交了其与案外人签订的买卖合同及现场照片，无法有效证明其大棚内的植物受损系供电公司架设线路所致且损失数额更加难以有效证明。

四、 启示建议

在此类排除妨碍案件中证明线路依法合规建设非常关键。本案中，一方面建设过程中供电公司应满足行业标准，并取得相关文件批复。另一方面，供电公司应做好证据资料的保存和移交工作，确保资料完善齐备，利于后续维权。

五、 相关法条

1. 《民事诉讼法》

第六十七条 当事人对自己提出的主张，有责任提供证据。

当事人及其诉讼代理人因客观原因不能自行收集的证据，或者人民法院认为审理案件需要的证据，人民法院应当调查收集。

人民法院应当按照法定程序，全面地、客观地审查核实证据。

2. 《110kV—750kV 架空输电线路设计规范》（GB 50545—2010）

13.0.4 在最大计算弧垂情况下，220kV 导线与建筑物之间的最小垂直距离为 6m。在最大计算风偏情况下，220kV 边导线与建筑物之间的最小净空距离为 5m。

（作者：卢玲玲　能亚东）

48. 压矿调查有疏忽　赔偿责任未避免

—— A工程公司诉供电公司物权保护权纠纷案

一、 案情简介

2015年3月，原告A工程公司起诉供电公司，称220kV某线路未经其许可穿越矿区，因电力设施保护相关法律法规禁止爆破开采，导致其无法开采作业，故要求判令供电公司迁移该输电线路，将矿区内开建的道路恢复原状，并承担诉讼费用。

经调查了解，220kV某线路是某市水冶西输变电工程的线路工程，业主单位为供电公司，设计单位为设计公司。该工程2008年起开展可行性研究，2008年8月取得选址意见书，2009年7月取得项目站址用地预审批复，2010年12月取得发展改革委核准，2013年1月开工建设，2014年5月竣工投运。线路自东向西穿越A工程公司纳长石矿区且46号杆塔位于矿区内。

A工程公司于2008年7月25日通过挂牌出让程序竞得该市纳长石矿开采资格，2010年2月10日取得《采矿许可证》，获10年开采权。2014年着手安排生产时，发现其矿区内架设有220kV线路。

二、 审理过程

本案先后两次发回重审，历经6个审级结案。

（一） 一审情况

县法院经审理，认为供电公司架设输电线路的行为未取得采矿权人的同意，已经构成侵权，判决确认供电公司的输电线路建设行为构成对原告合法权益的侵害。

供电公司不服一审判决，向市法院提起上诉。

（二） 二审情况

市法院经审理，认定一审判决只确认侵权不解决责任属程序违法，裁定撤销一审判决，发回县法院重新审理。

（三） 发回重审一审 （第一次发回）

县法院重审此案，A工程公司向法院申请鉴定，鉴定内容为：①220kV某线路是否对其开采构成影响，如构成影响，请评估A工程公司采矿权价值；②对供电公司在其矿区内架设线路修建道路恢复原状所需费用进行评估。

评估机构因资质受限，仅对采矿权价值进行了评估。评估采用了权益值法（价值＝收入－成本），最终评估金额为885.35万元。据此A工程公司将诉讼请求变更为：①供电公司将线路移出矿区500m范围，如无法移除的，按照评估的采矿权价值进行赔偿；②赔偿其修筑的矿区外部道路费用；③赔偿其开挖山体的费用；④供电公司将在矿区内架设线路修筑的道路恢复原状；⑤赔偿其鉴定费。

法院经审理，认为供电公司未征得原告同意，即在原告所属采矿区域内建塔架线的行为，影响了原告的开采活动，侵犯了原告依法享有的合法权益。鉴于线路已经建成，救济方式以赔偿损失为宜，赔偿金额以采矿权评估结果为准。原告第 2～4 项诉讼请求，因未提供相关证据，不予支持。判决供电公司赔偿 A 工程公司采矿权价值 885.35 万元和评估费用 10 万元。

供电公司不服该判决，向市法院提起上诉。

（四） 发回重审二审 （第一次发回）

市法院经开庭审理，认定原审判决事实不清、程序违法，第二次发回县法院重新审理。

（五） 发回重审一审 （第二次发回）

县人民法院重审开庭审理。庭前 A 工程公司再次提出鉴定申请，要求对原鉴定评估范围外的修筑道路、扒山皮等进行工程造价鉴定。法院委托评估机构进行了鉴定评估，A 工程公司在此基础上增加了诉讼请求。

法院经审理，认为供电公司架设线路在未取得工程公司同意的情况下，侵犯了其合法权益，构成侵权。但 A 工程公司提出新的评估部分，包括修筑道路的 199.44 万元和扒山皮的 36.46 万元，作为前期投资成本应自采矿权价值 885.35 万元中扣除。判决供电公司在扣除第二次评估金额的基础上，赔偿 A 工程公司损失 654.46 万元及鉴定费用支出 12.5 万元。

双方均不服本次判决，向市法院提起上诉。

（六） 发回重审二审 （第二次发回）

市法院开庭审理并组织了现场勘查。认为供电公司的建塔架线行为，构成了对 A 工程公司采矿权的侵害，应对 A 工程公司损失的合理部分予以赔偿。关于损失认定问题，认为 2013 年 6 月起供电公司在矿区内建塔架线，此前 A 工程公司并未实施开采，故 A 工程公司自 2010 年 2 月取得采矿权许可证之日起至 2013 年 6 月间未开采的损失应由 A 工程公司自行承担。自 2013 年 6 月至 2020 年 2 月采矿权许可证届满之日期间的损失，主要原因是 A 工程公司未申请办理安全生产许可证等手续造成，酌定供电公司承担 40％的赔偿责任。最终判决供电公司赔偿 A 工程公司损失 239.04 万元，赔偿 A 工程公司鉴定、评估费 12.5 万元，驳回 A 工程公司的其他诉讼请求。

三、 法律分析

（一） 供电公司架设线路的行为是否构成侵权

供电公司不构成侵权，主要原因有：

（1）供电公司取得该项目路径批复、建设用地预审在前，A 工程公司取得采矿权在后。供电公司按照《中华人民共和国矿产资源法》（以下简称《矿产资源法》）的相关规定，在线路初设前，向有关单位出具了征求路径设计的函，并于 2008 年 8 月 16 日、2009 年 7 月 8 日分别取得了《关于新建 220kV 水冶西输变电工程的复函》《省国土资源厅关于水冶西 220kV 输变电项目建设用地的预审意见》，两份文件明确指出，同意该工程的选址方案，项目通过用地预审。同时供电公司委托设计公司，在 2009 年 12 月底前，对线路途经的超越煤矿、市公路局、军分区等单位征求了对线路路径的意见，取得了相关复函。根据原《中华人民共和国物权法》第九条的规定，采矿权作为一种附属于不动产的用益物权，经依法登记，发生效力；未经登记，不发生效力。《矿产资源法》第三条第三款规定，勘查、开采矿产资源，必须依法分别申请，经批准取得探矿权、采矿权并办理登记。A 工程公司提交的《采矿许可证》记载的登记时间为 2010 年 2 月 10 日，晚于供电公司取得市国土资源局的选址批复，晚于线路设计收资时间，晚于通过用地预审时间。

（2）供电公司在建设过程中，不存在违法行为，不存在主观过错。该项目经过省发展改革委核准，获得了省环保厅环评影响批复，依法完成了建设。同时依据《河南省人民政府办公厅关于进一步加快全省电网建设的意见》（豫政办〔2006〕40号）及《河南省供用电条例》电力电路杆塔不征地的规定，在涉案地段，与集体土地所有权人某村委会签订了补偿协议，履行了杆塔占地、建设临时占地等补偿义务，不存在主观过错。

（3）输电线路的建设和存在并不必然导致 A 工程公司无法开采的损害后果。《电力法》《电力设施保护条例实施细则》并未绝对禁止爆破作业，只是要求爆破作业前需经电力管理部门批准，并采取确保电力设施安全的措施，本案中，供电公司从未禁止 A 工程公司行使开采权。

（4）输电线路与 A 工程公司所述损失没有因果关系。A 工程公司取得的采矿权许可证上，载明的开采方式为露天开采，并非爆破开采，A 工程公司提出的《开采方案》中明确采取机械开采等非爆破方式也可行使其采矿权。而且导致 A 工程公司无法行使采矿权的真实原因，是其未依法取得安全生产许可证、爆破作业许可证、环境影响评价许可等生产开采的资格，与供电公司之间不存在因果关系。

此观点被第二次重审二审法院部分采纳，成为最终判决，A 工程公司承担较大责任，供电公司承担较小责任的重要基础。

（二）本案是否属于民事诉讼受案范围

在输电线路压覆矿产争议中，涉及线路的可研、设计、路径批复、项目审批等多个环节，特别是在输电线路与矿区发生物理重叠的情况下，认定是否构成压覆，既是复杂的技术问题，也是行政审批的管理范围，牵扯到后续矿区范围的重新划定、赔偿金额的计算等问题。具体到本案，市国土资源局既批复输电线路的选址方案，又向 A 工程公司颁发了采矿许可证，属于同一行政机关做出的两个行政许可之间的冲突，应当由行政机关协调解决，本案不应属于民事诉讼的受理范围。但法院认为本案属于民事诉讼受理范围。

（三）如果构成压覆，A 工程公司所主张的损失应当如何认定

（1）原告主张赔偿整个采矿权损失是否有法律依据。《河南省人民政府办公厅

关于进一步加强建设项目压覆重要矿产资源管理工作的通知》（豫政办〔2013〕101号）第五条规定"压覆矿产的补偿范围为：①矿业权人被压覆矿产资源储量在当前市场条件下所应缴的价款；②所压覆的矿产资源分担的勘查投资、开采设施投入和搬迁相应设施等的直接经济损失；③因建设项目压覆需关闭矿山的，评估确认剩余资源储量价款和直接为矿山生产服务的固定资产价值等。"也就是说在认定压覆的前提下，原则上只补偿矿业权人缴纳的资源费和开采设施等直接投入，只有在需要关闭整个矿山的，才对整个采矿权进行补偿，即本案中评估的矿业权价值885万余元。而根据《中华人民共和国矿产资源法实施细则》（以下简称《矿产资源法实施细则》）相关规定，关闭矿山需要履行复杂的程序，经审批后取得行政机关的相关证明文件。本案中A工程公司未提供相关证据，其要求对整个采矿权价值进行补偿没有法律依据。

（2）A工程公司主张的开挖山体、修筑道路等损失是否具有法律和事实的依据。本案中工程公司主张的开挖山体、修筑道路等损失确定是通过第二次工程造价鉴定得出的，该鉴定采用的是成本支出法，即完成工程支付的一切成本费用，与采矿权价值的权益法互相矛盾。A工程公司不能既主张收益又主张成本，其工程造价鉴定价值作为成本的一部分，应从采矿权价值评估金额中扣减。

（3）对损失扩大的部分，A工程公司是否有权要求赔偿。A工程公司的法定代表人常桃生作为某村村民，从2008年工程线路勘察、设计、进场协调、与某村村委会签订补偿协议、组建铁塔建设直至2014年建设结束，长达6年的时间里从未主动要求供电公司停工或变更线路，也未向国土管理部门提出申请协调解决，而是出于放任心态在线路整体完工投运后才主张改建线路或进行赔偿，其怠于行使民事权利的行为也使得供电公司丧失了在建设过程中，以很小的代价改变线路设计就可以妥善解决该问题的机会，造成了今天可能给国有资产带来巨额损失的结果。另外，在法律法规已经提供其在采取安全措施并得到批准的情况下完全可以实现开采目的的前提下，既不选择报批，也不选择由国土管理部门进行协调解决，而直接提起不应由民事诉讼管辖范围的诉讼，构成了民事权利的滥用。结合上述两点，其就扩大损失的部分不应得到赔偿，最终二审法院部分采纳了该观点。

四、启示建议

（一）电网建设项目需规范履行矿产资源压覆审批及评估手续

根据《矿产资源法》和《矿产资源法实施细则》等有关规定，所有电网建设项目都需向所在省地质矿产主管部门了解拟建工程所在地区的矿产资源分布和开采情况，并在建设项目设计任务书报请审批时附具地质矿产主管部门的证明。如果发现压覆矿产资源的，必须进行压覆矿产资源评估。建设项目压覆已设置矿产权的矿产资源时，应与矿业权人签订协议，或绕行或补偿，取得矿业权人的同意。

本案所涉电力建设工程项目在勘测设计过程中，设计公司既未按照合同约定的设计行业标准，在提交的可研、初设文件中，说明 A 工程公司矿区的存在，也未依法办理法律规定的压覆矿产资源手续，是导致本案发生的直接原因。特别是在市国土资源局出具的《关于新建 220kV 水冶西输变电工程的复函》中明确要求："线路初设前要及时与变电站及线路所经相关矿山企业进行协商，取得其同意，并抓紧进行压覆矿床和地质灾害评估。"设计公司未按此要求履行义务，造成了巨大损失。案件办理过程中，供电公司多次向法院申请追加设计公司作为共同被告或第三人参与诉讼，但由于种种原因，法院未允许。生效判决履行完毕后，供电公司已经向设计公司出具了《关于协商 220kV 水冶西输变电工程压覆矿产赔偿事宜的函》，要求设计公司就相关赔偿事宜进行协商，并保留通过法律途径追偿损失的权利。

（二） 优化电网建设项目勘察设计合同条款设计

为避免类似风险，电网工程建设部门在起草 110kV 及以上输电线路工程勘察设计合同时，应添加特别约定条款：电力工程设计单位应依法向电网建设项目所在省地质矿产主管部门了解拟建工程所在地区的矿产资源分布和开采情况，并在建设项目设计任务书报请审批时附具地质矿产主管部门的证明。电力工程设计单位未履行上述义务，未将受输电线路影响的矿区纳入设计方案和工程概算的，应当承担因此导致的矿产压覆纠纷的全部法律责任。

五、 相关法条

1.《矿产资源法》

第 3 条第 3 款 勘查、开采矿产资源，必须依法分别申请，经批准取得探矿权、采矿权并办理登记。

2.《电力法》

第五十二条 在电力设施周围进行爆破及其他可能危及电力设施安全的作业的，应当按照国务院有关电力设施保护的规定，经批准并采取确保电力设施安全的措施后，方可进行作业。

3.《安全生产法》

第十七条 生产经营单位应当具备本法和有关法律、行政法规和国家标准或者行业标准规定的安全生产条件；不具备安全生产条件的，不得从事生产经营活动。

4.《中华人民共和国环境影响评价法》

第十六条 国家根据建设项目对环境的影响程度，对建设项目的环境影响评价实行分类管理。建设单位应当按照下列规定组织编制环境影响报告书、环境影响报告表或者填报环境影响登记表。建设项目的环境影响评价分类管理名录，由国务院环境保护行政主管部门制定并公布。

第二十五条 建设项目的环境影响评价文件未依法经审批部门审查或者审查后

未予批准的，建设单位不得开工建设。

5.《安全生产许可证条例》(国务院 397 号令)

第二条 国家对矿山企业、建筑施工企业和危险化学品、烟花爆竹、民用爆炸物品生产企业（以下统称企业）实行安全生产许可制度。企业未取得安全生产许可证的，不得从事生产活动。

6.《民用爆炸物品安全管理条例》(国务院第 466 号令)

第三十二条 申请从事爆破作业的单位，应当按照国务院公安部门的规定，向有关人民政府公安机关提出申请，并提供能够证明其符合本条例第三十一条规定条件的有关材料。受理申请的公安机关应当自受理申请之日起 20 日内进行审查，对符合条件的，核发《爆破作业单位许可证》；对不符合条件的，不予核发《爆破作业单位许可证》，书面向申请人说明理由。

7.《电力设施保护条例实施细则》

第十条 任何单位和个人不得在距电力设施周围 500m 范围内（指水平距离）进行爆破作业。因工作需要必须进行爆破作业时，应当按国家颁发的有关爆破作业的法律法规，采取可靠的安全防范措施，确保电力设施安全，并征得当地电力设施产权单位或管理部门的书面同意，报经政府有关管理部门批准。

8.《中华人民共和国矿产资源法实施细则》(国务院令 152 号)

第三十三条 矿山企业关闭矿山，应当按照下列程序办理审批手续：

（一）开采活动结束的前一年，向原批准开办矿山的主管部门提出关闭矿山申请，并提交闭坑地质报告；

（二）闭坑地质报告经原批准开办矿山的主管部门审核同意后，报地质矿产主管部门会同矿产储量审批机构批准；

（三）闭坑地质报告批准后，采矿权人应当编写关闭矿山报告，报请原批准开办矿山的主管部门会同同级地质矿产主管部门和有关主管部门按照有关行业规定批准。

第三十四条 关闭矿山报告批准后，矿山企业应当完成下列工作：

（一）按照国家有关规定将地质、测量、采矿资料整理归档，并汇交闭坑地质报告、关闭矿山报告及其他有关资料；

（二）按照批准的关闭矿山报告，完成有关劳动安全、水土保持、土地复垦和环境保护工作，或者缴清土地复垦和环境保护的有关费用。

9.《非煤矿矿山企业安全生产许可证实施办法》(国家安全生产监督管理总局令第 20 号令，国家安全监管总局令第 78 号修正)

第二条 非煤矿矿山企业必须依照本实施办法的规定取得安全生产许可证。未取得安全生产许可证的，不得从事生产活动。

10.《河南省人民政府办公厅关于进一步加快全省电网建设的意见》（豫政办〔2006〕40号）

第二条 输电线路工程的塔基、电杆、拉线等用地可以按照征地标准作一次性补偿。

11.《河南省人民政府办公厅关于进一步加强建设项目压覆重要矿产资源管理工作的通知》（豫政办〔2013〕101号）

第五条 项目所在地县级以上政府负责建设项目压覆矿产资源补偿协调事宜，各级国土资源等相关部门要主动服务，积极配合。""建设项目压覆矿业权补偿有争议的，项目建设单位与矿业权人在短期内难以达成补偿协议的，可由项目所在地政府作出协调解决压覆矿业权补偿等相关事宜的承诺。"压覆矿产的补偿范围为：1.矿业权人被压覆矿产资源储量在当前市场条件下所应缴的价款。2.所压覆的矿产资源分担的勘查投资、开采设施投入和搬迁相应设施等的直接经济损失。3.因建设项目压覆需关闭矿山的，评估确认剩余资源储量价款和直接为矿山生产服务的固定资产价值等。

（作者：石 磊）

49. 前期手续要规范 物权侵权无期限
—— A 煤业公司诉供电公司、第三人 B 设计公司、
第三人自然资源厅排除妨害纠纷案

一、 案件简介

2015 年 8 月，A 煤业公司起诉供电公司，其诉称，供电公司 500kV××线路压覆了其矿区资源地上部分，造成地下无法开采，要求立即停止侵害、排除妨害、恢复原状。2016 年 9 月，该案第二次开庭时 A 煤业公司变更诉讼请求，要求供电公司赔偿损失 1.4 亿元。其后又变更诉讼请求，明确最终要求赔偿的金额以鉴定结果为准，暂定为 3000 万元。

案涉××线路是××水利工程的配套项目，1997 年 12 月由国家计委批复，1998 年开工建设，1999 年 12 月建成投运。在可研设计阶段，设计单位 B 设计公司就工程路径的矿产资源分布和开发情况曾向地质矿产厅（现为自然资源厅）发函了解，地质矿产厅根据当时已上报其备案的矿产资料并询问市地矿煤炭局，做出答复，明确"经查有关地质矿产资料，并和市地矿煤炭局有关人员磋商，认为工程路径三个方案中，北方案路径沿线未压覆已知探明储量的矿床，方案基本可取"。B设计公司根据原地质矿产厅的回复开展设计，线路建成后未进行任何迁改。

原告 A 煤业公司成立于 1998 年，由××矿业集团所属三矿改制设立，改制时××矿业集团将 1992 年取得采矿证的××井分离给 A 煤业公司。2007 年，按照"一证一个生产系统"的原则，××井划分为一矿和二矿，分别办理采矿权并取得采矿权证，案涉线路压覆的范围主要涉及二矿部分。案涉煤矿后于 2016 年因国家降低产能政策被政府关闭。

二、 审理过程

（一） 县法院审理情况

该案首次开庭时，供电公司申请将 B 设计公司和自然资源厅追加为案件第三人。

县法院委托××煤炭地质司法鉴定所就案涉线塔和线路对 A 煤业公司开采是否造成影响进行司法鉴定，鉴定结论为供电公司相关范围内的线路搭建对 A 煤业公司的煤炭开采造成了影响。

2016 年 9 月，该案第二次开庭时，A 煤业公司申请变更诉讼请求，由排除妨碍变更为要求赔偿损失 1.4 亿元。供电公司提出管辖权异议，县法院将案件移送至市中院审理。

（二） 市中院审理情况

市中院开庭审理后，确定重新选择鉴定机构以对"是否存在压覆及若存在，压

覆的范围和程度以及损失数额"进行鉴定，选定了 F 评估公司作为鉴定机构。后 F 评估公司以其不具备鉴定"是否存在压覆"的能力和资质为由退回了鉴定材料。

法院决定分两步进行鉴定，先鉴定是否压覆，然后以鉴定结论为前提，在存在压覆情形下再进入损失鉴定程序。2018 年 11 月 6 日，法院委托××省煤田地质局物探测量队对是否构成压覆进行鉴定。2019 年 5 月 12 日鉴定机构出具鉴定报告，鉴定结论为 A 煤业公司继承的采矿权在电网建设之前，目前现状上电网对煤矿构成压覆，影响煤矿开采。随后，法院委托 F 评估公司进行损失鉴定。2019 年 10 月 11 日，F 评估公司出具损失鉴定报告，压覆损失评估结果为 1056.44 万元。

2019 年 12 月 6 日，供电公司收到一审判决书，法院判决供电公司赔偿 A 煤业公司 1056.44 万元，并承担案件受理费 26.1114 万元和鉴定费 38 万元。

（三）省高院审理情况

供电公司不服一审判决，提起上诉。

二审开庭时，A 煤业公司补充提交了采矿权延续、承继的相关证据。

省高院认为：①A 煤业公司采矿权系承继改制企业的采矿权而来，该采矿权最初的形成时间早于案涉输电线路批准立项时间，采矿权连续，原地质矿产厅的回函不能否定案涉采矿权的形成及承继，A 煤业公司是本案的适格原告，其采矿权属于在先权利；②鉴定机构出具的鉴定意见认为，案涉线路压覆 A 煤业公司煤矿资源，对采矿造成了影响，压覆影响采矿权损失评估结果为 1056.44 万元。A 煤业公司要求赔偿损失并未超过诉讼时效，供电公司应当就压覆造成的损失进行赔偿。综合分析压覆与市场行情的影响大小，并结合鉴定意见中关于压覆煤矿开采年限的认定，酌情确定供电公司按鉴定意见的 20％即 211.288 万元赔偿 A 煤业公司的损失。

最终判决供电公司于判决生效后十日内赔偿 A 煤业公司 211.288 万元，承担案件一、二审受理费 4.7406 万元和鉴定费 10 万元。

三、法律分析

（一）关于原告采矿权和案涉线路建设权利存在先后的认定

根据《矿产资源法》第三十三条以及《国土资源部关于进一步做好建设项目压覆重要矿产资源审批管理工作的通知》（国土资发〔2010〕137 号）第四条第三项规定，原告是否具有采矿权以及取得采矿权的时间，是认定案涉线路是否侵犯原告采矿权的基础。

本案一审期间，供电公司认真研究了 A 煤业公司提供的全部证据资料，发现 A 煤业公司于 1998 年 11 月 10 日成立，采矿权证最早形成时间是 2003 年 1 月且提供的采矿权证本身不连续，2006—2017 年及 2008 年 3—11 月均有间断。虽然其主张从××矿业集团所属三矿改制而来，但未提供 1998 年改制之前的采矿证，也未能提供该采矿权承继自 1992 年××矿业集团××井采矿证的证据，再加上其改制程序复杂，企业名称、采矿权证多次变更，采矿权证的拐点范围也发生多次改变。供电公司据此认为 A 煤业公司获得案涉煤矿采矿权具备开采资格的时间晚于案涉线路，即线路建设在先，采矿权取得在后，不存在线路压覆煤矿的问题。

但二审期间，A 煤业公司补充提交了证明其采矿许可证承继及延续的相关证据，证明了其承继的采矿权早于案涉线路。同时根据《国土资源部关于进一步完善采矿权登记管理有关问题的通知》（国土资发〔2011〕14 号）第（十八）条 "……采矿权延续申请批准后，其有效期应始于延续采矿许可证原有效期截止之日" 的规定，法院认为 A 煤业公司采矿权的延续申请需要一定的审批时间，在此期间并无其他权利人对采矿权另行取得权利，采矿权延续申请批准后，其有效期应始于延续采矿许可证原有效期截止之日，因此法院认定 A 煤业公司的采矿权持续无间断，是本案的适格被告，其采矿权属于在先权利。

（二）关于原地质矿产厅回函与压覆赔偿的关系

案涉线路建设时期为 1997 年前后，判断其是否合法合规应依据当时的法律、法规和规范。1986 年施行、1996 年第一次修订的《矿产资源法》是案涉线路建设时的主要法律依据，根据其第三十三条规定，供电公司委托设计单位 B 设计公司依法向原地质矿产厅了解了拟建工程所在地区的矿产资源分布和开采情况，原地质矿产厅 1997 年 8 月作出了《对关于××～××500kV 线路新建工程路径搜集资料和征求意见函的复函》，明确北方案路径沿线未压覆已知探明储量的矿床，方案基本可取。最终案涉线路的路径确定为 "北方案"，并于 1998 年 3 月获国家电力工业部批复。因此，案涉线路的立项、审批、设计、施工均合法合规。

虽然案涉线路建设程序依法合规，但法院查明的事实显示，A 煤业公司的采矿权形成时间早于案涉输电线路批准立项时间，A 煤业公司是先权利人，因各种原因当时原地质矿产厅的回函遗漏了案涉煤矿的采矿权。案涉线路取得了行政审批，但行政许可并不影响权利人主张侵权损失，法院最终认定原地质矿产厅的回函系对规划路径是否压覆矿产的回复，不能否定案涉采矿权的形成及承继情况，也不能成为对抗原告主张侵权的抗辩。

（三）关于案涉线路是否对原告矿产造成了压覆及赔偿数额

市中院委托的鉴定机构，在鉴定报告中采用垂直剖面法确定压覆边界，依据《A 煤业公司二矿煤炭资源储量核实（分割）报告》及《二矿 2015 年资源储量动态检测报告》，根据各线塔现状位置，排除压覆矿井生产永久保护煤柱范围并考虑压覆范围之间距离过近影响范围及现状条件下常规开采技术，以最低限度影响开采范围，确定出线塔对压覆影响范围为 25.18 万 m^2。

对此，供电公司根据《国土资源部关于规范建设项目压覆矿产资源审批工作的通知》（国土资发〔2000〕386 号）第二条 "压覆矿产资源是指因建设项目实施后导致矿产资源不能开发利用。但是建设项目与矿区范围重叠而不影响矿产资源正常开采的，不作压覆处理" 和《国土资源部关于进一步做好建设项目压覆重要矿产资源审批管理工作的通知》（国土资发〔2010〕137 号）第二条"建设项目压覆区与勘查区块范围或矿区范围重叠但不影响矿产资源正常勘查开采的，不作压覆处理"的规定，提出虽然鉴定报告通过确定线塔位置的地理坐标，认定线塔坐标与矿区存在物理重叠，还应进一步采取试采等方式，以确定该物理重叠已经对矿区开采造成了影响，但未见到应以试采方式进一步确定物理重叠情况下影响开采的法律规定。

对于损失鉴定，供电公司主张，应按照矿业权人的直接损失进行补偿，即补偿范围主要是被压覆煤矿的资源费投入加上其他投入，根据是《国土资源部关于进一步做好建设项目压覆重要矿产资源审批管理工作的通知》（国土资发〔2010〕137号）第四条第（三）项和《河南省人民政府办公厅关于进一步加强建设项目压覆重要矿产资源管理工作的通知》（豫政办〔2013〕01 号）第五条第（二）项规定。但鉴定机构按照"收入权益法"进行评估，不仅考虑资源费等直接损失，还考虑了按照市场价确定的被压覆方可获得的收益和利润。

市中院依据鉴定报告判决供电公司赔偿 1056.44 万元，省高院充分考虑了煤炭行业产能过剩、煤炭形势不景气、价格偏低等客观情况，综合分析压覆与市场行情的影响大小，并结合鉴定意见中关于压覆煤矿开采年限的认定，酌情按鉴定意见的20% 确定 A 煤业公司的损失。结合案件整体情况看，该结果已是供电公司尽最大努力争取到的最大限度的合法权益。

（四）关于原告闭矿后获得了政府补偿能否再主张损失赔偿

A 煤业公司在诉讼中提到，2016—2018 年被政府关停后已经获得 750 万元的补偿款和职工安置费用。对该笔补偿，各方存在不同的意见，供电公司认为 A 煤业公司已经获得政府合理补偿，不应当再因矿业权而获得其他更多利益，否则属于不当得利。A 煤业公司认为，政府补偿是对关闭煤矿的补偿，损失赔偿是案涉线路压覆矿产资源导致 A 煤业公司无法开采乃至最终闭矿的赔偿，二者不具有关联性。法院最终支持了 A 煤业公司的观点，认为政府补偿并不能抵消侵权带来的财产损失，供电公司仍应承担赔偿责任。

从补偿款的性质看，该笔补偿属于行政补偿，而损失赔偿属于侵权之债，是民事纠纷，二者性质不同。

四、启示建议

（一）依法规范开展压覆矿产资源调查评估工作

供电企业的建设项目数量多、范围广，在电网项目建设过程中经常会发生与矿业权冲突的情况，必须依法开展压覆矿产资源调查评估工作，妥善处理好建设单位与矿业权人的利益关系。本案供电公司提前向行政机关履行了是否压覆矿产资源的调查手续，最终承担责任是因历史原因，当时行政部门对采矿权等权利的管理不规范、数据不完善，导致回函遗漏了案涉煤矿的采矿权等造成。但现实中发生的压覆矿产资源纠纷案件，很多情况是因为建设单位没有严格遵循法律规定的压覆矿产资源审批造成的。因此，供电企业务必严格落实建设项目压覆矿产资源审批要求，按国家法律、法规和政策性文件的要求，及时向所在省、自治区、直辖市地质矿产主管部门了解拟建工程所在地区的矿产资源分布和开采情况。如果压覆矿产资源，及时组织开展压覆矿产资源评估。若压覆的矿产资源已设置矿业权的，及时与矿业权人签订补偿协议，切实防范矿产压覆风险。

（二）重视与相关权利人的沟通对接

通过本起案件，可发现压覆矿产资源补偿和赔偿的区别，如果在线路建设前期，发现压覆他人矿产资源，可按照自然资源部和省内相关规定与矿业权人谈补偿，补偿范围限于直接损失；如果前期未发现侵犯他人权利，进入到诉讼阶段对侵权行为进行评估时，鉴定机构可能就不限于直接损失，而会考虑利润等因素，这也是为什么本案鉴定报告中使用的评估方法是"收入权益法"而非"成本法/投入法"。因此，项目建设中要尽量在前期发现潜在权利人，并与权利人及时沟通，确定补偿标准，一旦进入诉讼阶段可能会导致赔偿数额增加。

另外，本案原告在2014年发现案涉线路影响其采矿后，与线路维护单位进行了对接，反映其相关情况和诉求。但线路维护单位未予以重视，没有与权利人进行积极沟通，最终引发该起案件，使供电公司投入了大量的精力和财力应对案件处理。建议相关业务部门要高度重视类似情况，一旦发生相关权利人主张权利，一方面与权利人加强沟通，了解基本事实；另一方面向法律部门通报，会同法律部门共同研判事实情况、确定应对方案。若确实存在侵犯他人权利的事实和行为，应提前妥善处理，避免扩大损失和影响。

五、相关法条

1. 《民法典》

第一百九十六条　下列请求权不适用诉讼时效的规定：

（一）请求停止侵害、排除妨碍、消除危险；

（二）不动产物权和登记的动产物权的权利人请求返还财产；

（三）请求支付抚养费、赡养费或者扶养费；

（四）依法不适用诉讼时效的其他请求权。

第二百三十八条　侵害物权，造成权利人损害的，权利人可以请求损害赔偿，也可以请求承担其他民事责任。

第三百二十九条　依法取得的探矿权、采矿权、取水权和使用水域、滩涂从事养殖、捕捞的权利受法律保护。

2. 《矿产资源法》

第三条　国家保护探矿权和采矿权不受侵犯，保障矿区和勘查作业区的生产秩序、工作秩序不受影响和破坏。

第三十三条 在建设铁路、工厂、水库、输油管道、输电线路和各种大型建筑物或者建筑群之前，建设单位必须向所在省、自治区、直辖市地质矿产主管部门了解拟建工程所在地区的矿产资源分布和开采情况。非经国务院授权的部门批准，不得压覆重要矿床。

3.《中华人民共和国矿产资源法实施细则》

第三十五条 建设单位在建设铁路、公路、工厂、水库、输油管道、输电线路和各种大型建筑物前，必须向所在地的省、自治区、直辖市人民政府地质矿产主管部门了解拟建工程所在地区的矿产资源分布情况，并在建设项目设计任务书报请审批时附具地质矿产主管部门的证明。在上述建设项目与重要矿床的开采发生矛盾时，由国务院有关主管部门或者省、自治区、直辖市人民政府提出方案，经国务院地质矿产主管部门提出意见后，报国务院计划行政主管部门决定。

4.《电力设施保护条例实施细则》

第十条 任何单位和个人不得在距电力设施周围五百米范围内（指水平距离）进行爆破作业。因工作需要必须进行爆破作业时，应当按国家颁发的有关爆破作业的法律法规，采取可靠的安全防范措施，确保电力设施安全，并征得当地电力设施产权单位或管理部门的书面同意，报经政府有关管理部门批准。

5.《矿业权出让转让管理暂行规定》（国土资发〔2000〕309号）

第三条 探矿权、采矿权为财产权，统称为矿业权，适用于不动产法律法规的调整原则。依法取得矿业权的自然人、法人或其他经济组织称为矿业权人。矿业权人依法对其矿业权享有占有、使用、收益和处分权。

6.《国土资源部关于规范建设项目压覆矿产资源审批工作的通知》（国土资发〔2000〕386号）

第二条 压覆矿产资源是指因建设项目实施后导致矿产资源不能开发利用。但是建设项目与矿区范围重叠而不影响矿产资源正常开采的，不作压覆处理。

7.《国土资源部关于进一步做好建设项目压覆重要矿产资源审批管理工作的通知》（国土资发〔2010〕137号）

第二条 建设项目压覆区与勘查区块范围或矿区范围重叠但不影响矿产资源正常勘查开采的，不作压覆处理。

第四条（三） 建设项目压覆已设置矿业权矿产资源的，新的土地使用权人还应同时与矿业权人签订协议，协议应包括矿业权人同意放弃被压覆矿区范围及相关补偿内容。补偿的范围原则上应包括：

1. 矿业权人被压覆矿产资源储量在当前市场条件下所应缴的价款（无偿取得的除外）；

2. 所压覆的矿产资源分担的勘查投资、已建的开采设施投入和搬迁相应设施等直接损失。

8.《国土资源部关于进一步完善采矿权登记管理有关问题的通知》（国土资发〔2011〕14号）

二、（十八）　采矿权人申请采矿权延续登记，应出具经年检合格的采矿许可证，属《矿产资源开采登记管理办法》附录所列的矿种大中型资源储量规模的，凭近三年经评审备案的资源储量报告确定剩余查明资源储量；其余的可根据需要凭当年或上一年度经审查合格的矿山储量年报作为剩余查明资源储量的依据。采矿许可证延续的期限应与矿区范围内剩余的可开采利用的查明资源储量相适应，但不得超过国家规定的最长有效期限。采矿权延续申请批准后，其有效期应始于延续采矿许可证原有效期截止之日。

9.《河南省人民政府办公厅关于进一步加强建设项目压覆重要矿产资源管理工作的通知》（豫政办〔2013〕01号）

第二条（一）　建设项目压覆区域矿业权范围重叠但不影响矿产资源正常勘查开采的，不作压覆处理，不需办理压覆矿产资源储量登记手续。具体规定如下：

1. 建设项目压覆区与勘查区块范围重叠或与采矿区范围重叠但不压覆矿山设计拟开采区域的，项目建设单位经与矿业权人达成互不影响协议，可不作压覆处理。

2. 建设项目压覆矿山设计拟开采区域或正在开采区域的，项目建设单位和矿业权人要共同委托具有被压覆矿山（矿井）建设工程设计资质的单位或具有被压覆矿山（矿井）建设工程安全评价资质的单位编制建设项目是否影响矿产资源正常勘查开采的论证报告。经论证为不影响正常勘查开采的，由项目建设单位和矿业权人共同签字认可后不作压覆处理；认为影响正常勘查开采的，需办理压覆重要矿产审批手续。

第五条（二）　建设项目压覆矿业权需办理压矿审批手续的，项目建设单位要与矿业权人签订协议，协议内容包括矿业权人同意放弃被压覆的区域范围及相关补偿事宜。

补偿的范围原则上应包括：

1. 矿业权人被压覆矿产资源储量在当前市场条件下所应缴的价款。

2. 所压覆的矿产资源分担的勘查投资、开采设施投入和搬迁相应设施等的直接经济损失。

3. 因建设项目压覆需关闭矿山的，评估确认剩余资源储量价款和直接为矿山生产服务的固定资产价值等。

（作者：赵　琳）

第七章

其　　他

50. 精准制定应诉策略　避免巨额经济损失
—— 建筑工程公司诉供电公司建设工程施工合同纠纷案

一、案情简介

2005 年 5 月 24 日，建筑工程公司与供电公司签订电力通信综合楼工程的建筑、装饰、安装工程合同。2006 年 3 月 21 日，双方签订了该项目的建筑外饰及外幕墙工程施工合同。2006 年 7 月 31 日工程竣工，建筑工程公司提交竣工结算资料。供电公司委托工程造价咨询公司进行工程决算审核，建筑工程公司提报的决算价为 9125.45 万元，工程造价咨询公司最终审核价为 5043.51 万元（含社保费用和奖励费用 209.02 万元），建筑工程公司对审核结果不予认可。自 2005 年 9 月起，供电公司按照工程造价咨询公司确定的审核价将工程款分次支付给了建筑工程公司。

因建筑工程公司对工程造价咨询公司最终审核结果不满，于 2014 年 10 月 10 日向市中级人民法院提起诉讼，要求供电公司支付工程款 1811 万余元及利息，并承担案件诉讼费。

二、审理过程

（一）一审情况

案件审理过程中，建筑工程公司申请进行工程造价鉴定，鉴定结果显示证据充分部分造价约 3599 万元，有待进一步核实、认定证据，单独列示部分的工程造价约 2852.98 万元，超出供电公司已支付的工程价款 1408.98 万元。

该案历经多次庭审，市中级人民法院一审判决供电公司应再向建筑工程公司支付工程款约 1072.84 万元并支付利息，承担受理费、鉴定费约 40.4 万元。供电公司不服一审判决，提起上诉。

（二）二审情况

省高级人民法院以一审判决认定基本事实不清为由作出裁定，撤销市中级人民法院一审判决，发回市中级人民法院重审。

（三）重审一审

发回重审后，供电公司积极申请重新鉴定，并经多方努力，最终鉴定结果比原来的鉴定结果核减了 480 余万元，并提起反诉，请求法院判令建筑工程公司立即向供电公司退还多支付工程款及逾期交工违约金合计 726.5 万元及相应利息，由建筑工程公司承担本案全部诉讼费用。供电公司收到市中级人民法院一审判决：供电公司支付原告工程款约 4.2 万元及利息，并承担案件受理费、鉴定费等其他费用 29.1 万元，驳回原告其他诉讼请求和反诉原告供电公司的反诉请求。双方均不服一审判决，向省高级人民法院提出上诉。

（四）重审二审

二审中双方均未提交新证据，终审判决：驳回上诉，维持原判。

（五）再审情况

建筑工程公司不服终审判决，申请再审，最高院裁定：驳回再审申请。该案历经 6 年尘埃落定，取得了较好的诉讼结果。

三、法律分析

（一）涉案工程造价鉴定问题

此类案件，双方的主要争议焦点在于对案涉工程实际造价数额难以达成一致意见，一般会通过向法院申请鉴定来认定案涉工程实际造价的数额。本案先后历经两次工程造价鉴定，在原有鉴定结果不利于供电公司的情况下，供电公司坚持对鉴定意见提出异议，并在重审一审阶段，促成一审法院重新对案涉工程部分项目进行补充鉴定，坚持对原鉴定内容的异议。经过重新鉴定，核实了部分认定造价与竣工图等客观不符的情况，促使鉴定机构修改了鉴定意见，并作出了补充说明，最终鉴定结果比原来核减了 480 余万元。

（二）项目变更签证效力问题

本案的另一焦点在于项目部分变更签证是否有效的问题。本案中，供电公司经多方取证，有效证明了原告提交的部分变更签证存在与实际施工情况不符、变更理由与相关证据矛盾、签证时间早于停工时间，也与合同约定的停工复工程序不符以及供电公司未签字等情况，此类项目变更签证的效力有瑕疵，法院未予认定。

（三）举证责任问题

根据《民事诉讼法》第六十七条规定，当事人对自己提出的主张，有责任提供证据。本案中，第二次鉴定结束后，原告称"工程已交付十年之久，不排除有二次装修的情况"，但未提供证据证明，对补充鉴定的其他事项，也无相反证据证明其主张成立，故法院对补充鉴定及原鉴定机构后期作出的补充说明予以采信。另外，原告也未提供充分证据证明双方存有争议的部分供应材料是由其购买，故法院对该部分材料予以扣除。

四、启示建议

本案历经 6 年，诉讼过程中恰当运用反诉等应对策略并积极申请再次鉴定，最终取得较好的诉讼结果，但也反映出供电公司经营管理中仍存在薄弱环节，尤其是工程管理中各环节的精益管控仍有欠缺：①施工现场对项目变更签证审核把关不严；②在鉴定过程中，未及时有效地与鉴定机构沟通联系，以至于后续仍需要花费大量时间和精力去申请补充鉴定，而且在司法实践中，推翻鉴定结果的难度较大。

因此建议各单位以此为鉴，工程管理中着重在合同签订、材料供应、工程量调整和确认、履约跟进、过程监督、验收结算、记录信息归档等方面加强监督检查和风险防范，确保全过程依法合规。

五、 相关法条

1.《民事诉讼法》

第五十四条 原告可以放弃或者变更诉讼请求。被告可以承认或者反驳诉讼请求，有权提起反诉。

第六十七条 当事人对自己提出的主张，有责任提供证据。

当事人及其诉讼代理人因客观原因不能自行收集的证据，或者人民法院认为审理案件需要的证据，人民法院应当调查收集。

人民法院应当按照法定程序，全面地、客观地审查核实证据。

第一百四十二条 当事人在法庭上可以提出新的证据。

当事人经法庭许可，可以向证人、鉴定人、勘验人发问。

当事人要求重新进行调查、鉴定或者勘验的，是否准许，由人民法院决定。

2.《最高人民法院关于适用〈中华人民共和国民事诉讼法〉的解释》

第二百三十二条 在案件受理后，法庭辩论结束前，原告增加诉讼请求，被告提出反诉，第三人提出与本案有关的诉讼请求，可以合并审理的，人民法院应当合并审理。

（作者：卢玲玲　能亚东）

51. 雇人拍摄需谨慎　宣传作品易侵权
—— B 公司诉供电公司著作权侵权纠纷案

一、　案情简介

供电公司因宣传工作需要，与 A 公司就视频照片拍摄与制作建立了业务委托关系。2022 年 11 月 1 日，供电公司通知 A 公司到施工现场拍摄，A 公司指派张×等三人（均非 A 公司员工）到供电公司施工现场开展工作。后 A 公司通过网盘向供电公司交付了拍摄的视频和照片，供电公司编辑后将部分视频和照片发表在公司及省电力公司微信公众号。后张×向供电公司主张侵权并大额索赔未果，2023 年 5 月 B 公司（张×的用人单位）向法院起诉供电公司，要求省、市供电公司停止侵权、公开赔礼道歉、赔偿经济损失。

二、　审理过程

审理过程中，A 公司与 B 公司、张×达成和解，A 公司支付适当的经济补偿，B 公司及张×承诺永不再诉。后 B 公司向法院申请撤诉，法院裁定准许撤诉，本案结案。

三、　法律分析

（一）　宣传品制作业务外包领域易发侵权风险

摄影作品、视听作品均是《中华人民共和国著作权法》（以下简称《著作权法》）的保护对象。著作权人一般是作者即创作作品的自然人，但在《著作权法》另有规定的情况下，著作权人也可能是法人或者非法人组织，如法人作品、职务作品、委托作品等情形。另外，著作权包括发表权、署名权、修改权等 17 项权能且部分权能可以转让，这就进一步加大了著作权的归属判定难度。

由此，著作权的归属判定，需要法律专业人员根据事实进行分析论证才能得出客观结论，工作实践中侵犯著作权的风险较为常见。如公司员工为了完成工作任务拍摄的视频属于职务作品，著作权归员工所有，单位虽然可在其业务范围内优先使用，但也需尊重员工的署名权、修改权、保护作品完整权等，否则即构成侵权。再如委托作品中，合同未作明确约定或者没有订立合同的，著作权属于受托人，委托人不当使用的，可能面临侵权责任风险。再者法人作品方面，需满足由法人主持、代表法人意志创作、并由法人承担责任三个法定要件，实践中发生著作权争议时，证明难度较大且易与职务作品混淆引发侵权风险。

（二）　委托合同中作品范围约定不明的风险

工作实践中，双方在《宣传品制作委托合同》中，一般都会约定委托作品的著作权归甲方享有，但对委托作品的范围约定不够明确，一般只限于乙方依合同约定向甲方交付的作品，而对乙方未交付给甲方的作品没有做出约定，容易引发争议与风险。如乙方在甲方工作现场拍摄的图片和视频等未交付甲方的作品，因不在合同约定的范围其著作权归乙方，乙方在自行发表后，甲方未取得乙方授权就转载、引用，可能引发侵权责任风险。

（三） 委托合同中著作权归属的约定不能对抗第三人

《宣传品制作委托合同》中关于著作权归属的约定，基于合同的相对性，仅对合同双方有拘束力。实践中，如果受托方未对其员工披露合同内容并取得书面认可，那么受托方指派其员工完成的作品就可能会被认定为职务作品，其著作权归员工所有，委托方基于约定对作品的正当利用，也会侵犯员工的著作权；另外，受托方如果指派第三人完成委托作品，没有对第三人披露与委托方的合同约定并取得其认可，或没有与第三方明确约定作品的著作权归属，那么由第三人完成的作品其著作权归属于第三人，委托方对第三人作品的使用，就会侵犯第三人的著作权。

（四） 著作权侵权行为可能导致经济损失与负面影响

根据《著作权法》相关规定，侵犯他人著作权的，应当根据情况，承担停止侵害、消除影响、赔礼道歉、赔偿损失等民事责任。实践中，权利人一般都会要求侵权人公开道歉，特别是在侵权人为有一定社会声誉的国家机关、央企国企时，更会以此施压迫使侵权人承担不合理的经济赔偿责任。同时，由于供电公司所运营的微信公众号在地域内具有一定影响力，该行为还可能导致具体责任人员受到刑事责任追究。

四、 启示建议

（一） 尊重职务作品的作者权利

对于本单位员工为完成工作任务所创作的职务作品，用人单位虽有权在其业务范围内优先使用，但也需依法尊重作者的权利，保护作者享有的署名权，未经作者同意不得擅自发表、修改等。实践中，供电公司对于本单位从事宣传工作的员工，可在平等协商的基础上与其签订协议，约定职务作品的著作权归单位享有。

（二） 规范宣传品制作业务外包合同内容约定

对于委托外部单位制作宣传品的，应规范签订《宣传品制作委托合同》，并详细约定著作权归属、作品范围、价格标准、权利瑕疵保证、违约责任等关键内容。

关于著作权的归属，可约定委托作品的全部著作权（《著作权法》第十条规定的 17 项权利）及其他相关知识产权均归委托方所有；未经委托方书面同意，受托方不得公开发表、使用或向任何第三方提供上述宣传品。另外可约定受托方指派本单位员工或聘用非本公司员工完成委托作品的，必须告知其知识产权归属权归委托方，除非经委托方书面同意，受托方及其指派或聘用的人员不得署名。

关于委托作品的范围，可约定委托作品包括受托方交付给委托方的宣传品，也包括受托方利用委托方提供的文字、图片、视频创作但未交付给委托方的作品，还包括受托方在委托方工作现场拍摄的图片和视频等未交付甲方的作品。

关于价格标准，因委托作品的范围采取了扩大化的约定，不但包括交付的作品，还包括未交付的作品，为避免受托方主张未被委托方采用作品的报酬，可在合同中对价格标准进行减缩性的约定。可以约定文案类宣传品每篇单价为××元整，短视频类宣传品每件单价××元整，按委托方审核验收合格并被委托方实际采用的实际数量确定价格。

关于权利瑕疵保证，为避免受托方交付的作品侵犯第三人的著作权，可在合同中约定，受托方所提交的宣传品不应存在任何权利瑕疵。受托方应保证委托方免于遭受因第三方提起侵权索赔而产生的任何损失。如果任何第三方向委托方提起侵权索赔，受托方应负责与之进行交涉，并承担由此引起的一切责任；因此给委托方造成损失的，受托方应予全额赔偿（包括而不限于对外赔偿费用、诉讼及律师费用等）。

（三）严防第三人主张著作权风险

对于委托作品中，受托方员工或第三人可能导致的著作权侵权风险，作为委托方的供电公司，可在受托方指派的人员开展工作前，要求其人员签署承诺书，承诺内容表述如：本人受××公司（以下简称为"受托方"）指派，在供电公司（以下简称为"委托方"）的组织下从事短视频和图片的拍摄和制作，本人知悉并同意受托方和委托方之间关于著作权归属的约定。本人承诺拍摄和制作的和委托方相关的文字、图片、视频作品，其全部著作权（《著作权法》第十条规定的17项权利）及其他相关知识产权均归委托方所有，未经委托方书面同意，本人不得公开发表、使用或向任何委托方、受托方以外的第三方提供上述作品。

五、相关法条

1.《著作权法》

第三条　本法所称的作品，是指文学、艺术和科学领域内具有独创性并能以一定形式表现的智力成果，包括：（五）摄影作品；（六）视听作品；

第十一条　著作权属于作者，本法另有规定的除外。创作作品的自然人是作者。由法人或者非法人组织主持，代表法人或者非法人组织意志创作，并由法人或者非法人组织承担责任的作品，法人或者非法人组织视为作者。

第十八条　自然人为完成法人或者非法人组织工作任务所创作的作品是职务作品，除本条第二款的规定以外，著作权由作者享有，但法人或者非法人组织有权在其业务范围内优先使用。作品完成两年内，未经单位同意，作者不得许可第三人以与单位使用的相同方式使用该作品。

第十九条　受委托创作的作品，著作权的归属由委托人和受托人通过合同约定。合同未作明确约定或者没有订立合同的，著作权属于受托人。

第十条　著作权包括下列人身权和财产权：

（一）发表权，即决定作品是否公之于众的权利；

（二）署名权，即表明作者身份，在作品上署名的权利；

（三）修改权，即修改或者授权他人修改作品的权利；

（四）保护作品完整权，即保护作品不受歪曲、篡改的权利；

（五）复制权，即以印刷、复印、拓印、录音、录像、翻录、翻拍、数字化等方式将作品制作一份或者多份的权利；

（六）发行权，即以出售或者赠予方式向公众提供作品的原件或者复制件的权利；

（七）出租权，即有偿许可他人临时使用视听作品、计算机软件的原件或者复制件的权利，计算机软件不是出租的主要标的的除外；

（八）展览权，即公开陈列美术作品、摄影作品的原件或者复制件的权利；

（九）表演权，即公开表演作品，以及用各种手段公开播送作品的表演的权利；

（十）放映权，即通过放映机、幻灯机等技术设备公开再现美术、摄影、视听作品等的权利；

（十一）广播权，即以有线或者无线方式公开传播或者转播作品，以及通过扩音器或者其他传送符号、声音、图像的类似工具向公众传播广播的作品的权利，但不包括本款第十二项规定的权利；

（十二）信息网络传播权，即以有线或者无线方式向公众提供，使公众可以在其选定的时间和地点获得作品的权利；

（十三）摄制权，即以摄制视听作品的方法将作品固定在载体上的权利；

（十四）改编权，即改编作品，创作出具有独创性的新作品的权利；

（十五）翻译权，即将作品从一种语言文字转换成另一种语言文字的权利；

（十六）汇编权，即将作品或者作品的片段通过选择或者编排，汇集成新作品的权利；

（十七）应当由著作权人享有的其他权利。

著作权人可以许可他人行使前款第五项至第十七项规定的权利，并依照约定或者本法有关规定获得报酬。

著作权人可以全部或者部分转让本条第一款第五项至第十七项规定的权利，并依照约定或者本法有关规定获得报酬。

2.《最高人民法院关于审理著作权民事纠纷案件适用法律若干问题的解释》

第十二条　按照著作权法第十七条规定委托作品著作权属于受托人的情形，委托人在约定的使用范围内享有使用作品的权利；双方没有约定使用作品范围的，委托人可以在委托创作的特定目的范围内免费使用该作品。

（作者：张轶然）